中国节能管理制度体系历史与未来

Energy Efficiency Governance in China: History and Future

白　泉　刘静茹　符冠云　裴庆冰◎著

中国经济出版社
CHINA ECONOMIC PUBLISHING HOUSE
北京

图书在版编目（CIP）数据

中国节能管理制度体系：历史与未来／白泉等著．
北京：中国经济出版社，2017．4
ISBN 978－7－5136－4581－2

Ⅰ．①中…　Ⅱ．①白…　Ⅲ．①节能—能源管理—研究—中国　Ⅳ．①F426．2

中国版本图书馆 CIP 数据核字（2016）第 320503 号

责任编辑　姜　静
责任印制　马小宾
封面设计　华子图文

出版发行　中国经济出版社
印 刷 者　北京柏力行彩印有限公司
经 销 者　各地新华书店
开　　本　710mm×1000mm　1/16
印　　张　9．75
字　　数　116 千字
版　　次　2017 年 4 月第 1 版
印　　次　2017 年 4 月第 1 次
定　　价　48．00 元
广告经营许可证　京西工商广字第 8179 号

中国经济出版社 **网址** www.economyph.com **社址** 北京市西城区百万庄北街 3 号 **邮编** 100037

本版图书如存在印装质量问题，请与本社发行中心联系调换（联系电话：010－68330607）

前言

作为拥有近14亿人口的发展中国家，中国必须始终面对资源能源节约和高效利用的重大问题和挑战。“十一五”时期以来，随着国内能源资源日渐紧张和环境污染形势日趋严峻，中国政府对节能的重视程度显著提高，围绕2007年修订后的《节约能源法》，先后出台了一系列法规条例、规章规范、标准标识、价格财税等节能政策，节能管理制度体系框架逐渐清晰，配套政策逐步完善。

2015年以后，随着中国经济进入“新常态”，能源消费出现新趋势，节能潜力出现新变化，节能工作重点需要进行相应调整。同时，随着全面深化改革加快推进，在政府职能转变、减政放权的背景下，“十一五”“十二五”时期采取的不少节能政策面临调整，重新审视政府实施节能管理的思路和方法势在必行。

在这个时间节点上，总结和梳理中国过去的节能管理制度体系，在借鉴发达国家节能管理制度设计经验的基础上，结合能源经济发展新形势和全面深化改革新要求，进一步优化中国节能制度体系，更有针对性地建立、健全若干重点节能政策，建立一套更加长效的、更符合中国发展新阶段中国特色社会主义市场经济特点的节能管理制度体系，显得愈发重要。

在此背景下，笔者在整理研究成果的基础上撰写本书，希望对探索和建立适应中国发展新阶段、新要求的节能管理制度体系有所助益。全书分为三篇：在“回顾篇”中，从经济管理和政府规制的基本理论出发，研究了政府对节能进行规制的依据和方式，对中国节能管理制度体系进行了初步梳理；在“经验篇”中，归纳总结了国际上政府规制节能的几个典型模式，重点分析了日本、英国和美国的节能管理体制和政策机制；在“展望篇”中，剖析了节能管理制度体系发展改革面临的新形势与新任务，指出中国未来节能管理制度体系的发展方向，提出了完善中国节能制度的政策建议。此外，笔者增加了“附录　《重点用能企业能源管理调查问卷》及结果分析”，以便读者了解来自重点用能企业的调研对象对节能工作的想法。

通过有针对性的研究，笔者得出以下初步结论：

结论一：对节能进行规制，是各国通行的普遍做法。中国作为能源消耗大国，实施节能和能源效率管理的必要性尤为突出。

结论二：中国的节能管理始于20世纪80年代，随着中国从计划经济向社会主义市场经济转型逐步深入，能源供求平衡发生变化，以及历史上几次政府机构改革，中国的节能管理制度和管理机构也经历了若干次重大调整。

结论三：发达国家没有形成统一、通用的节能管理制度体系，美国、日本、英国等发达国家针对不同领域的节能项目自主选择适合本国国情的管理模式。节能项目的管理和实施可分为六种典型模式。

结论四：经济发展新常态、全面深化改革等政策环境的变化，将对中国节能管理的思路和既有政策带来一系列新要求和新挑战。改革中国节能管理制度体系，必须更加注重减少事前审批、加强事中与事后监管，减少直接补贴、加强价格税收间接引导，打造健康诚信的市场环境，运用市场手段推动节能工作。

结论五：中国节能管理制度体系框架已基本成型，具体可分为规制“政府系统”、规制“重点用能设备/产品”、规制“重点用能企业”三大类。结合新形势、新要求，针对这三类规制对象的既有政策不仅要主动转变管理思路、调整政策手段，而且要着力强化与能源消费总量控制、能效领跑者、节能信用体系建设、第三方服务、节能融资等相关的重点环节，在能源价格市场化改革、节能精细化管理、加强节能政策联动性等方面做出更多尝试。

本书是“中国能源管理制度体制研究”课题组集体讨论和研究的成果：白泉担任课题组组长，刘静茹担任课题组副组长，白泉、刘静茹、符冠云、裴庆冰共同执笔完成本书。其中，“一、节能管理制度体系的概念与理论依据”和“二、中国节能管理制度体系的历史与现状”由裴庆冰执笔；“三、政府节能管理的必要性及实施模式”由刘静茹、符冠云执笔；“四、政府节能管理的典型模式分析”和“五、典型发达国家节能管理制度”由符冠云执笔；“六、中国节能管理制度体系改革面临的新形势与新任务”“七、中国节能管理制度体系的发展方向”和“八、关于完善中国节能制度的建议”由白泉执笔；刘静茹、裴庆冰负责企业调研问卷设计和调研结果分析，并共同完成“附录”部分的写作。

在研究过程中，全国能源基础与管理标准化技术委员会白荣春副主任，国家节能中心时希杰处长、辛升副处长，中节能咨询公司逄锦福总监，中国质量认证中心徐少山处长，中国节能协会节能服务专业委员会朱霖副主任，国瑞沃德（北京）低碳经济技术中心王健夫主任，中国标准化研究院李鹏程副研究员等领导和专家给予了大量指导和帮助。国家节能中心对本研究给予了支持，国家节能中心张宇副处长、刘源同志在研究过程中给予了多方面的协调和帮助。在此，向他们表示衷心感谢！

鉴于时间仓促以及课题组水平有限，书中难免存在不妥之处，敬请读者批评指正。

笔者

2016 年 12 月于北京

目　录

图表目录

回顾篇：中国节能管理制度体系的历史与现状

经验篇：发达国家实施节能管理的模式与经验

回顾篇
中国节能管理制度体系的历史与现状

一、节能管理制度体系的概念与理论依据

本章主要对我国节能管理制度体系的概念进行界定，在定义制度和节能管理制度体系概念含义的基础上，对实施节能管理的理论和现实必要性进行探讨，并探索政府实施节能管理的通用方法。

（一）相关概念界定

制度是一个较为宽泛的概念，不同人对制度的理解不同，虽然有共通之处，但也存在着一定的分歧。本书首先要对研究内容进行界定，重点是对“制度”给出一个清晰且适用于本书研究的定义，并在此基础上，提出节能管理制度体系的含义。为此，本节剖析了本书研究对象的内涵，重点探讨了制度的内涵和层次，并提出了笔者对于“制度”和“节能管理制度体系”的含义界定。

1. 制度的内涵

在汉语词典中，“制度”一词有以下基本释义：①谓在一定历史条件下形成的法令、礼俗等规范；②制订法规；③规定；④指规定品级的服饰；⑤制作；⑥谓制作方法；⑦规模，样式。

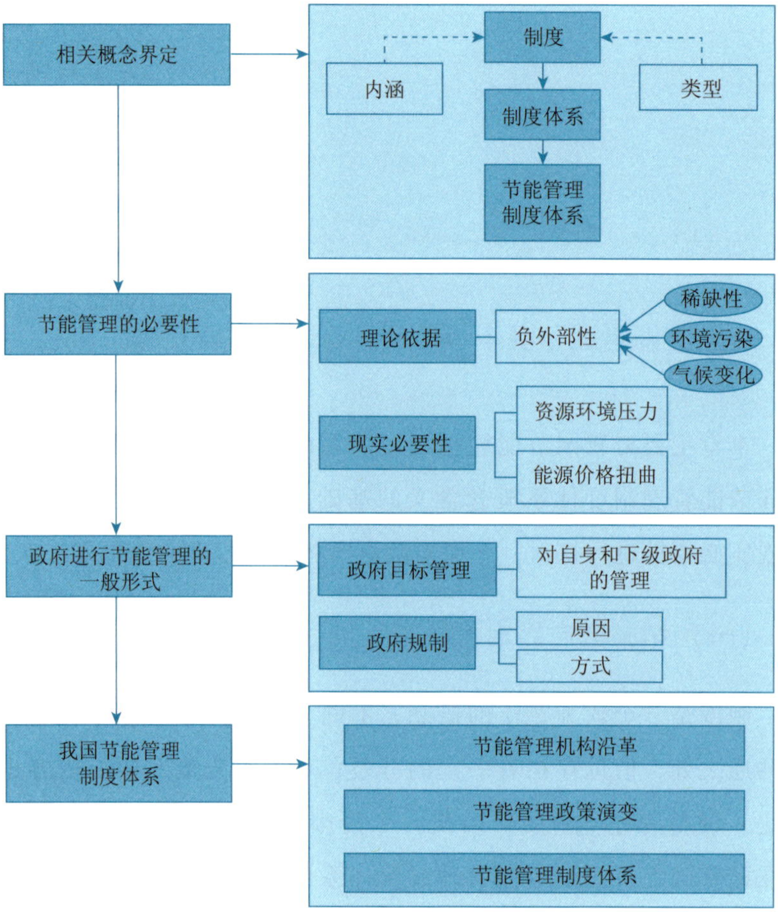

图 1－1　本章内容框架

其中，与本书研究的“制度”相近的是①和③两项含义，即指政治、经济、文化、社会层面形成的体系，如经济制度、宗法制度等；或指要求大家共同遵守的办事规程或行动准则，如工作制度、财务制度等。

在英文中，与本书研究的“制度”一词对应的是 institution。在经济学的发展中，制度学派①（institutional school）是一个重要的流派，其观点和研究方法在经济学界产生了深远影响，制度经济学也是经济学的一个重要分支。

制度经济学的研究者们对制度进行过如下定义：柯武刚、史漫飞②认为，制度是由人制定的规则，它们抑制着人际交往中可能出现的任意行为和机会主义行为。制度为一个共同体所有，并总是依靠某种惩罚而得以贯彻。没有惩罚的制度是无用的；只有运用惩罚，才能使个人的行为变得较可预见。带有惩罚的规则创立起一定程度的秩序，将人类的行为导入可合理预期的轨道。如果各种相关规则是彼此协调的，它们就会促进人与人之间的可靠合作。与之类似，诺斯③认为制度是一个社会的游戏规则，它们是为决定人们的相互关系而人为设定的一些制约条款。

2. 制度的类型

制度可以分为不同的层次，有不同的类型。柯武刚、史漫飞④从制度起源的角度，认为制度分为内在制度和外在制度两类。

---

① 制度学派（institutional school）是19世纪末20世纪初产生于美国的经济学流派，主要代表人物有凡勃伦等，认为影响社会经济生活的主要因素是制度、法律和伦理等，而不是市场；强调制度和结构分析，并将制度解释为人类本能与外部环境影响下形成的支配人们行动和思想的习惯；批判资本主义制度，但不触动其所有制，主张社会改良。第二次世界大战后，发展为新制度经济学派。新制度经济学派是当代西方经济学的主要流派之一，对当代经济学产生了重要影响。该学派主要分为两大派别：一个是以加尔布雷思为代表的新制度经济学派（neo－institutional economic school），另一个是以科斯等人为代表的新制度经济学派（new institutional economic school）。

②④ ［德］柯武刚（Wolfgang Kasper），［德］史漫飞（Manfred E. Streit）．制度经济学［M］．韩朝华，译．北京：商务印书馆，2000.

③ ［美］道格拉斯·诺斯（Douglass C. North）．制度、制度变迁与经济绩效［M］．刘守英，译．上海：上海三联书店出版社，1994.

(1) 内在制度

内在制度是从经验中演化出来的制度，它体现着过去曾最有益于人类的各种解决办法，如习惯、伦理规范、良好礼貌和商业习俗等。内在制度往往用于平等的主体之间，违反内在制度通常会受到共同体内其他成员的非正式惩罚。

(2) 外在制度

外在制度由一个具有政治意志和社会强制权力的主体设计出来，是被自上而下地强加和执行的。一般来说，这个主体是一批代理人，这些代理人通过一个政治过程获得权威。外在制度配有相应的惩罚措施，这些惩罚措施通过强制力量来实施，往往要借助于国家强制力。外在制度永远是正式的规则。

诺斯①把制度分为非正式约束和正式约束两类。

(1) 非正式约束

非正式约束是人们在长期交往中无意识形成的，具有持久的生命力，并构成代代相传的文化的一部分。但非正式约束缺乏强制性。诺斯把非正式约束定义为："包括名誉、被广泛接受的行为标准以及在重复关系中形成的传统。"非正式约束主要包括价值信念、伦理规范、道德观念、风俗习惯、意识形态等因素。意识形态处于核心地位。

(2) 正式约束②

正式约束是指人们有意识创造的一系列政策法则，包括政治规则、经济规则和契约，以及由这一系列规则构成的一种等级结构。

---

① ［美］道格拉斯·诺斯（Douglass C. North）. 制度、制度变迁与经济绩效［M］. 刘守英，译. 上海：上海三联书店出版社，1994.

② 正式约束也叫正式规则，这些规则可作如下分类：一是界定两人在分工中的"责任"，即为人们给出行为目标的规则；二是界定每个人可以干什么、不可以干什么的规则；三是关于惩罚的规则；四是"度量衡"，即确定交换的价值量的规则。

从宪法到成文法，再到特殊的细则，最后到个别契约，它们共同约束着人们的行为。

以上类型的划分对于本书也有借鉴意义。笔者认为，本书所研究的节能管理制度属于外在制度，是一种正式约束。这种制度是被设计出来的，并由强制力保证其执行。

3. 笔者对概念的界定

结合对以上文献的梳理和分析，笔者认为节能管理制度可以界定为：由节能管理者制定的、对能源消费主体及其能源消费行为加以约束和指导的、促进全社会节能和能源利用效率提高的强制性规则。节能管理制度虽然不像传统、习俗等内在制度那样是长期形成的，但也具有相对稳定性，是可以在一定时期内延续的。

在节能管理的制度安排中，不同的参与方扮演着不同的角色：节能管理制度对能源消费主体进行约束和引导，能源消费主体相当于博弈参与者，扮演“运动员”的角色；节能管理制度中通常还要有相应的组织来扮演“裁判员”的角色，以保证规则的顺利实施。

由于节能管理涉及经济社会发展的方方面面，具有高度的多元性和复杂性，仅依靠某个单项节能管理制度难以全面覆盖。因此，建立一整套与我国市场经济发展特点和当前发展阶段相适应的节能管理制度体系，既有利于全面推进全社会的节能工作，又有利于管理者抓住重点领域和主要矛盾，花费最小的管理成本取得最大的节能效果。

（二）节能管理的必要性

本节讨论了节能管理的必要性，认为在当前的情况下政府仍需要进行一定程度的节能管理，并对政府进行节能管理的手段进行了研究。

从理论上来讲，由于能源资源具有稀缺性，且能源消费具有一定程度的外部性，根据市场失灵理论，需要政府来进行节能管理。从现实来看，我国是能源消费大国，能源消费强度仍然较高，而目前的能源价格机制不能完全反映能源使用成本，因此需要通过市场之外的手段来促进节能。

1. 节能管理的理论依据

政府需要进行节能管理的理论依据来自能源消费的外部性特点。外部性又称为溢出效应，是指一个人或一群人的行动和决策使另一个人或另一群人受损或受益的情况，可分为正外部性和负外部性。正外部性是指个体的活动使他人或社会受益，而受益者无须付出代价；负外部性是指个体的活动使他人或社会受损，而造成负外部性的人却没有为此承担成本。能源消费在一定程度上具有负外部性，这体现在以下三个方面①：

第一，能源是稀缺性资源，当代人的过度使用将会影响后代人的使用，能源消费具有代际间的负外部性。

很多种类的能源都是短期内不可再生的，在当前世界能源消费结构中占有很大比重的煤、原油、天然气、核能等能源资源，都是不可再生资源。根据 2015 年 BP 公司的统计数据，2014 年全世界煤炭储产比为 110 年，石油储产比为 52.5 年，天然气储产比为 54.1 年；而我国的煤炭储产比为 30 年，石油储产比为 11.9 年，

---

① 这与当前既有的能源结构有关，未来随着能源技术的发展，有些外部性可能将不复存在。

天然气储产比为25.7年，远低于世界平均水平。所以无论对于全世界还是我国来说，化石能源资源仍是稀缺和有限的。能源资源作为人类共有的耗竭性资源，在使用时要考虑到代际公平，因此围绕能源使用进行的管理要考虑到这种稀缺性，要有规划、有限度地利用。

第二，能源生产会造成生态环境影响，能源消费会产生污染物排放，对环境造成危害，进而会影响到在此环境中生活的人群，因此，能源消费会产生环境负外部性的问题。

目前，不管是在全世界还是在我国，能源结构仍以化石能源为主。根据2015年BP公司的统计数据，2014年全世界能源结构中，非化石能源占比为13.7%；我国的能源消费结构中非化石能源占比仅为10.9%，化石能源中煤炭仍是我国使用的主要能源，在能源消费结构中占66.0%的比重。以化石能源为主的能源消费结构会带来多种环境问题。如燃煤发电会产生二氧化硫、氮氧化物、颗粒物等污染物，导致城市空气质量变差，并引起呼吸道疾病。煤炭开采方式不当会造成地表沉陷、河川断流等难以恢复的影响，石油开采和运输中如发生泄漏会造成水体和土壤的严重污染，这都会对居民生活和生态环境带来负面影响。

因此，从能源生产到加工、转换、输运，再到消费和末端处理的各个环节，都有可能对生态环境造成负面影响，对环境的影响会进一步影响人类和生物的生存环境。在当前以化石能源为主的世界能源结构中，能源使用带来的生态环境负外部性是无法忽视的。

第三，能源消费产生碳排放，会带来全球气候变化的负外部性问题。

人类活动或者自然形成的温室气体，如水汽、氟利昂、二氧化碳、氧化亚氮、甲烷等，一旦超出标准，便会导致温室效应，使全球气温上升，产生冰川融化、海平面上升、极端天气频发等一系列问题。能源消费产生的碳排放是全球温室气体的主要来源。随着气候变化领域研究的深入，全球碳排放空间容量日益明确，完成温升控制目标逐渐成为主要国家的共识。根据2015年BP公司的统计数据，2014年全球化石能源消费产生碳排放355.0亿吨，其中，我国的碳排放为97.6亿吨，占全球的27.5%，我国控制碳排放的责任也日渐加重。因此，对能源消费进行管理，促进全社会节能，也能为解决全球气候变化问题做出贡献。

2. 中国进行节能管理的现实必要性

从理论上说，由于能源消费具有外部性，因此需要政府来对能源消费进行适度的管理。从我国的现实情况看，进行节能管理势在必行。这种现实必要性来源于以下两个方面：

一方面，我国的能源消费总量和单位GDP能耗都较高，使得我国面临着巨大的资源环境压力，进行节能管理有其紧迫性。

尽管近年来我国能源消费的增长速度呈下降趋势，但能源消费总量仍持续增长，并已达到较大规模，目前居世界首位。2014年我国能源消费总量为42.6亿吨标准煤，接近世界能源消费总量的1/4（见图1－2和图1－3）。

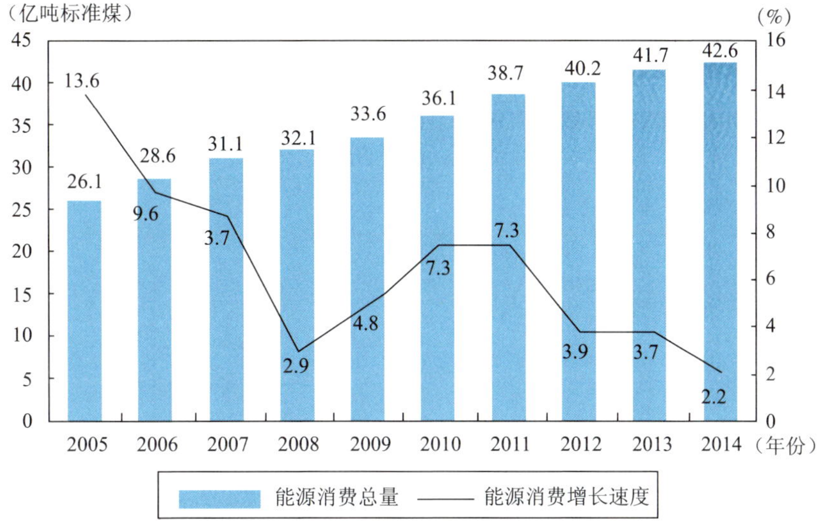

图 1－2　中国能源消费总量和增长速度

数据来源：国家统计局。

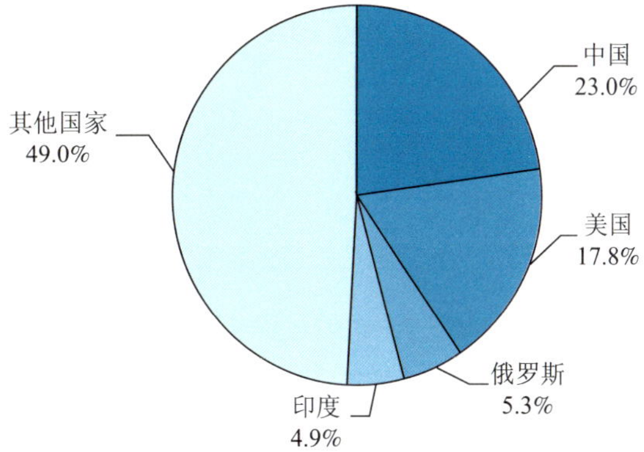

图 1－3　2014 年各国能源消费总量占世界比重

数据来源：BP 公司统计数据。

虽然近几年我国单位 GDP 能耗逐年下降，2014 年已降至 0.99 吨标准煤/万元 GDP（按 2005 年不变价计算），节能工作取得了一定成绩（见图 1－4），但是与发达国家相比，我国的单位 GDP 能耗仍明显偏高，从图 1－5 中可以看出，我国的单位 GDP 能耗是英国的 4.5 倍，是日本的 2.9 倍，是美国的 2.2 倍，也高于世界平均水平，是世界平均水平的 1.7 倍。

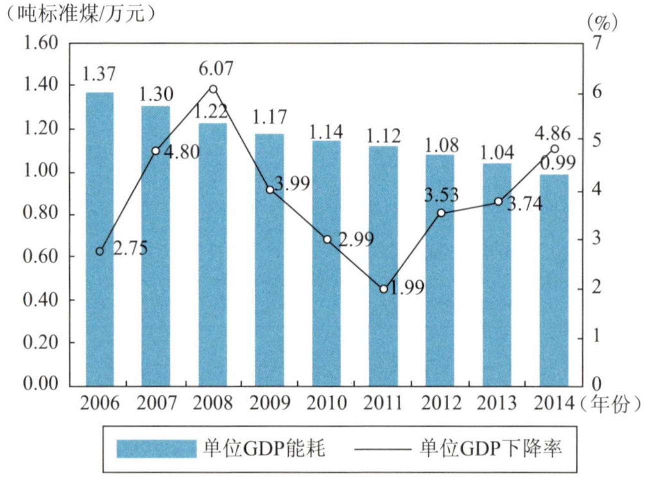

图 1－4　中国单位 GDP 能耗及下降率

注：GDP 以 2005 年不变价计算。

数据来源：国家统计局。

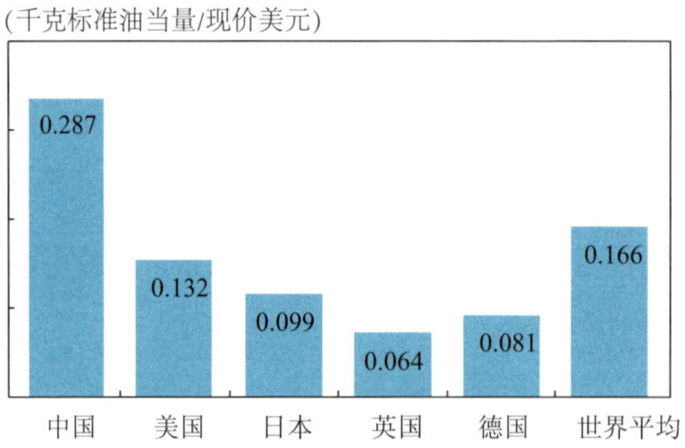

图 1－5　2014 年主要国家单位 GDP 能耗

数据来源：根据世界银行、BP 公司数据计算。

另一方面，我国的能源价格形成机制还不完善，尚无法完全依靠市场机制来实现能源的优化配置和高效利用。改革开放以来，我国煤、电、油、气等能源价格体系经历了以打破自然垄断、鼓励市场竞争、提高资源配置效率和能源部门自身产出效率为改革方向的市场化改革，但是由于不同能源部门在资源稀缺性、网络经济、范围经济、规模经济、利益主体等方面差异巨大，实际的市场化程度很不平衡。从价格机制来看，政府指令性价格或者指导性价格仍然是电力、天然气、成品油、动力煤价格调整的主要标杆，尽管政府的实际定价依据已经逐步将国际、国内市场供需因素纳入考虑范围，但是能源价格形成机制仍不尽合理。

合理的能源价格要体现能源的真实成本。如果价格不能反映真实成本，那么后果不是扭曲生产就是扭曲消费，提高能源效率也就无从谈起。此外，合理的能源价格还要体现能源消费带来的外部效应，以及能源消费的代际公平。只有当能源价格形成机制趋近于合理，才能真正还原能源的商品属性，形成以市场为主导的节能体制机制。

我国现行能源价格体系中，有限的市场调节机制弱化了市场配置效率。例如，油价尽管建立了与国际原油价格关联的机制，但由于所挂钩的基准价格是国际原油，这种调节机制不能及时反映我国国内成品油需求的变动趋势。在电价方面，市场调节机制的缺位直接反映在煤电比价关系上。当煤炭价格暴涨时，电力部门既缺少价格杠杆又必须确保供应，“煤电之争”就不可避免。在输配电方面，价格不公开、不透明，也制约了下游电力价格的市场化调节。同时，能源价格管制本身还意味着转移支付和交叉补贴的存在，严重削弱了对能源消费过快增长的直接抑制作用，导致政府不得不对产业发展予以直接干预，造成了多重扭曲。

由于当前的能源价格体系无法对能源消费起到有效的调节作用，对能源消费的负外部性的补偿也较弱，形成了促进能源消费主体自主节能的障碍，因此政府有必要对能源消费方式和消费行为进行一定的引导和干预，推动全社会节约能源，提高能源利用效率。

（三）政府实施节能管理的方式

政府实施节能管理有两种方式：一种方式是政府通过设定目标、创建约束对自我或下级政府进行目标管理，如设定节能低碳目标、我国中央政府向地方政府下达节能目标任务等，都属于政府自我目标管理；另一种方式是政府对市场参与者进行管理，具体到节能管理中，就是对能源消费主体进行管理，通过修正或管控相关主体的行为来达到节能目的，这种管理方式一般也被称为政府规制。

1. 政府的目标管理

政府的目标管理是一种计划工作和控制的手段，也是一种评价工具。其管理流程包括：①为管理者和被管理者设定共同的目标；②管理者围绕目标进行指导，被管理者制定工作计划；③管理者对被管理者的工作绩效做出评估。

政府设定目标进行管理的过程中，可能遇到的问题主要有以下四种：

（1）政治障碍

政府绩效目标会受到政治因素的干扰和限制，目标执行过程中可能会遇到人员更换等问题。

（2）目标障碍

可能会面临目标设定的方法学障碍，使确立的目标超越了控制范围，或目标体系中包含了太多目标而不能区分重要目标与次要目标等。

（3）技术障碍

技术障碍包括对政府绩效进行量化、使定量与定性恰当结合、测量政府绩效、建立有效的绩效评估体系，以及实现政府绩效目标信息化管理等问题。

（4）观念障碍

观念障碍包括传统思维和利益维护等问题。

在我国，政府的目标管理是促进节能的一种行之有效的手段。常见的形式是通过逐级分解落实来提升地方政府对节能工作的重视，促使各地能够在发展经济的同时，也注重能源资源的节约优化利用。这种管理方法在我国“十一五”和“十二五”时期都得到了应用并取得了一些成果。

2. 政府对相关领域的规制

政府对经济性行为的管理一般称为“规制”，这一词语来自英文单词 regulation①，有的学者也称之为“管制”。它是指由行政机构制定并执行的直接干预市场配置机制或间接改变企业和消费者的供需

① 最早来自日本学者的翻译和使用。

决策的一般规则或特殊行为①。

政府规制的合理性源于市场机制存在内在缺陷。古典经济学理论信奉市场的“无形之手”可以自发调节，使资源配置达到最优。但是随着市场经济的发展，人们发现有些地方是市场力量无法达到的，即市场存在失灵，而市场失灵可能会对整个社会的福利造成损害，必须予以纠正。政府规制是最为有效的纠正市场失灵的方法。由于政府具有强制力，并伴有相应的征税权、处罚权等权力，因此有干预市场、克服失灵的能力和方法。

专栏1－1 市场失灵的类型

市场失灵包括外部性、公共产品、信息不对称、自然垄断等类型（见图1－6），不能单纯依靠市场解决。

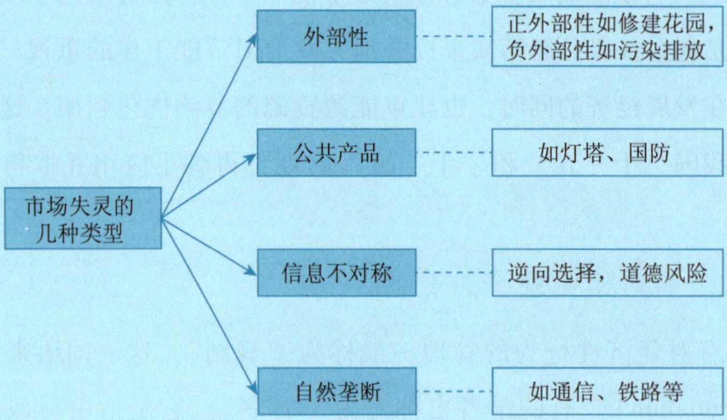

图1－6 市场失灵的类型

① ［美］丹尼尔·史普博．管制与市场［M］．余晖，等，译．上海：上海三联书店，上海人民出版社，1999.

外部性（externality）是指市场主体行为结果会对他人的福利产生影响。外部性可分为正外部性和负外部性，正外部性是指个体活动使他人受益，而受益者无须付出代价；负外部性是指个体活动使他人受损，造成损害的个体没有承担成本。

公共产品（public goods）与私人产品相对，是指具有消费或使用上的非竞争性和受益上的非排他性的产品。特点是：一些人对这一产品的消费不会影响另一些人对它的消费，即非竞争性；一些人对这一产品的利用不会排斥另一些人对它的利用，即非排他性。仅依靠市场是无法提供公共产品的。

信息不对称（asymmetric information）指市场经济活动中，各类人员对有关信息的了解是有差异的。掌握信息比较充分的人员，往往处于比较有利的地位；而信息贫乏的人员，则处于比较不利的地位。例如，二手车买卖，卖方比买方了解更多信息；保险行业，买方通常拥有更多信息。信息不对称可能导致逆向选择和道德风险。

自然垄断（natural monopoly）指由于市场的自然条件而产生的垄断。自然垄断部门如果进行竞争，则可能导致社会资源浪费或市场秩序混乱。自然垄断行业主要集中在公共基础设施领域，如水、电、热的供应，电信，交通运输等领域。

政府规制可以纠正市场失灵，增进社会福利。经济性规制是政府规制的主要形式。由于能源消费在一定程度上具有负外部性和市场失灵问题，政府在建立节能管理制度时，需要借助质量、准入、数量、价格等多种规制手段，对能源消费主体及其行为进行管理。例如，固定资产投资项目节能评估和审查制度就是一种进入规制，是将固定资产投资项目的节能审查意见作为项目开工建设、竣工验收和运营管理的重要依据。

专栏1-2　经济性规制的方式

经济性规制的方式主要有以下四种（见图1-7）：

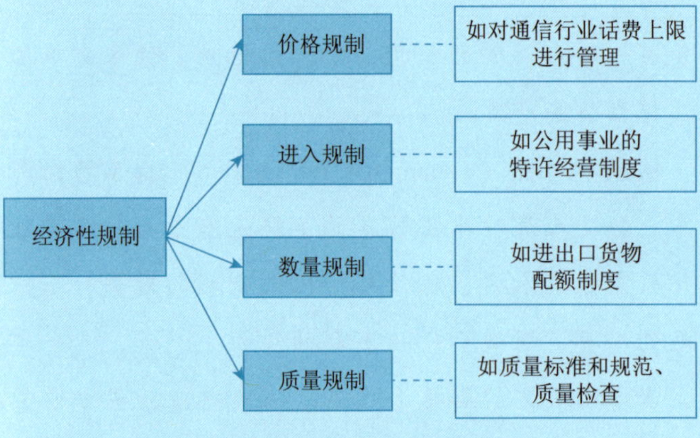

图1-7　经济性规制的方式

第一，价格规制。价格规制是为了防止自然垄断企业制定垄断高价损害消费者利益而对相应企业实施的价格控制，其原则是使价格和利润达到公平合理的水平又不损害企业的积极性。价格规制的措施主要包括价格水平规制和价格结构规制。

第二，进入规制。一个市场内的企业数量也是影响该市场配置效率的重要因素，进入规制的目标是把企业数量控制在一定范围内，以避免重复建设、过度竞争。进入规制主要有三种方式：特别许可、特别注册制和申报制。

第三，数量规制。数量规制通常是政府为防止因投资过多（过少）或产出过多（过少）造成资源浪费或有效供给不足而采取的规制手段，主要分为投资规制和产量规制。

第四，质量规制。质量规制主要是指政府为了防止自然垄断产业中由于竞争不足而致使企业提供的物品和服务质量出现下降，以及在信息不对称条件下督促企业建立有关产品和服务的质量标准，以保障消费者权益。

二、中国节能管理制度体系的历史与现状

改革开放后，我国经济发展方式和政府机构不断优化调整，节能管理的方式方法和机构设置也经历了一系列的调整。随着经济形势的变化和能源形势的波动，社会各界对节能管理的重视程度和管理的重点也在发生变化。

本章首先回顾改革开放以来我国节能政策和管理方式的演变过程及特点，然后梳理和总结我国节能管理机构的历史沿革，最后归纳《节约能源法》关于节能管理制度的阐述。

（一）中国节能管理政策和管理方式的演变

政策是为了实现管理目的而设计的，政策不等同于制度，虽然两者属于不同范畴的概念，但并没有严格的区分。一般来说，政策是相对更单一、更微观的一种制度。制度与政策之间存在着联系，制度比政策更复杂，但也有一些制度是在政策的基础之上形成的。

改革开放以来，我国的节能政策和管理方式经历了不同时期的变化过程，大致可以分为以下四个阶段：

第一阶段：20 世纪 80 年代到 90 年代初

这一阶段的节能政策特点是：节能政策和措施具有明显的行政

指令特征。

在这一阶段，全国能源供应持续紧张，能源供应短缺成为制约国民经济发展的瓶颈；同时，能源利用效率低下，节能挖潜大有可为。这一时期政府节能管理的工作重心是：促进国有企业能源节约，弥补全国能源供应的短缺，支撑国民经济快速发展。主要节能降耗促进政策和措施包括：制定开发与节约并重，近期把节约放在优先地位的能源发展方针；实施能源定量供应、企业能源定额管理制度；国务院发布压缩烧油、节电、节油、节煤等五个“节能”指令；1981 年，节约能源正式被列入国民经济计划；全面规范节能工作，制定“节能 58 条”；加强企业节能基础工作，建立能源三级管理网，实施能耗考核制度；建立节能服务中心；制定实施节能优惠政策，加大节能资金投入；1986 年，国务院发布《节约能源管理暂行条例》；建立国务院节能工作办公会议制度，研究全国重大节能问题；组织制定主要的节能标准和节能设计规范，全面规范节能工作；制定和实施节能税收优惠政策，如对节能贷款给予利率优惠、对节能效益实行“税前还贷”、对节能产品减免产品税和增值税 3 年、引进节能设备和技术减免关税等；对国有企业节能措施投入节能基建和技改资金；对国有企业设立节能奖，奖金可计入成本；开展国有企业节能管理升级活动；安排节能示范工程；推广节能先进技术；开展国际交流合作；等等。

第二阶段：20 世纪 90 年代中期

这一阶段的节能政策特点是：政府尝试建立适应市场经济体制要求的节能经济激励政策和机制，同时更加重视节能纲要、规划、信息传播等基础性工作。

这一阶段是我国经济转轨阶段，国内能源供需关系出现明显变化，除石油外，煤、电都呈现供大于求的局面，提高能源效率和节能从上一阶段的“弥补短缺”为主，逐步转变成为实施可持续发展战略的关键措施。政府开始探索适应市场经济的节能管理方法，以节能促环保。在这一时期，政府对节能管理手段和措施进行了重大调整，取消了计划经济体制时期建立的一些节能政策和措施：1994年起，国家进行税收、金融体制改革，20世纪80年代以来计划经济体制时期国家在节能方面建立的财政、税收、金融优惠政策全部取消；企业节能专项奖取消，节能奖纳入企业综合奖。同时，政府节能管理职能部门探索和建立了若干新的节能政策和措施：着手组织起草《中华人民共和国节约能源法》（草案）；1994年，成立中国节能投资公司，安排重大节能项目专项资金，对节能基建/技改进行投资；环保法规趋于严格，促进了节能法规的制定；开展农村能源综合建设工作；实施“中国绿色照明工程”；探索市场经济条件下的节能机制，开展能源服务公司试点、电力需求侧管理试点，研究市场经济环境下的节能鼓励政策；1996年，国家计委印发《中国节能技术大纲》；推广节能科技成果；1997年，国家经贸委组建“节能信息传播中心”，加强节能信息传播；与全球环境基金/世界银行合作开展“中国高效锅炉项目”“中国节能促进项目”等，加强国际交流与合作。

第三阶段：1998—2005年

在这一阶段，节能开始被纳入法制化轨道，节能政策的特点是：逐步通过强化法规建设来管理和规范企业和社会的能源消费行为，同时，更多地引入、示范和推广适应市场经济体制要求的节能激励和引导机制。

这一阶段我国社会主义市场经济秩序确立，对于一些能源消费企业来说，节能已成为降低生产成本的内在要求；另外，能源生产和消费引起的生态环境问题日趋严重，虽然国家开始实施可持续发展战略，但总体上对节能问题的重视程度还不够高。这一阶段的节能管理手段和措施主要包括：1997 年 11 月，全国人大常委会通过《中华人民共和国节约能源法》，并于1998 年1 月1 日开始施行，节能工作开始步入法制化轨道；制定《节能法》配套法规，包括固定资产投资《节能篇》编制和评估的规定、节能产品认证管理办法、重点能源消费单位节能管理办法、关于发展热电联产的规定、节约用电管理办法、民用建筑节能管理规定等；制定出台了《节能中长期专项规划》等，加强节能宏观管理；贯彻实施《节约能源法》及其配套法规；利用国债资金等加大对重点行业和重点企业节能的支持；实施“节约增效工程”；组织节能型、清洁型工厂示范；组织节能科研项目，科技部将节能项目纳入“科技型中小企业技术创新活动”；加强节能信息传播；继续与全球环境基金/世界银行合作开展中国节能促进项目，推广应用合同能源管理这一市场节能机制等。

第四阶段：2005 年至今

在这一阶段，我国着手建立起一套高层次、全方位的节能管理体系，节能的重要程度凸显。这一时期，节约资源被纳入我国的基本国策，资源节约型、环境友好型社会成为社会发展的战略目标，党中央提出构建生态文明建设与经济建设、政治建设、社会建设和文化建设“五位一体”的新格局，全社会对节能减排的重视程度明显提高。这一阶段节能政策的特点是综合运用法律、行政、经济手段推进节能工作，其中政府节能目标责任考核和政府财政支持对节能工作发挥了重要的推动作用。

“十一五”至今，我国经济发展保持了相对较高的增长速度，同时，经济发展与资源环境之间的矛盾日趋尖锐。2012 年党的十八大召开以后，生态文明建设被提到新的高度，与经济建设、政治建设、文化建设、社会建设处于同等重要的地位。2016 年发布的《“十三五”规划纲要》中，绿色作为“五大发展理念”（创新、协调、绿色、开放、共享）之一，获得了更多的关注。

在这样的背景下，我国的节能管理政策也逐步变得更加系统、综合和立体。在法律手段方面，修订完善了《节约能源法》、制定了配套法规及标准、强化了产品能效标识制度、建立了固定资产投资节能评估制度、建立健全了节能执法体系、开展了节能执法检查等。在行政手段方面，主要的做法是强化节能组织领导、实施节能目标责任评价考核、进行重点用能企业监管、加强能源信息统计等。在经济手段方面，推行了促进节能的财政政策、税收政策、价格政策和金融政策。地方政府和企业普遍认为，在这一阶段，节能目标责任评价考核制度显著提升了地方政府和企业高层决策者的节能意识，为推动节能工作发挥了最重要的作用。同时，政府财政的有力支持也对地方政府和企业推进节能工作发挥了至关重要的推动作用。

（二）中国节能管理机构的历史沿革

改革开放以来，我国政府机构先后实施了几轮重大改革和调整，节能管理部门及其主要职能也经历了一系列变化（见图 2－1）。

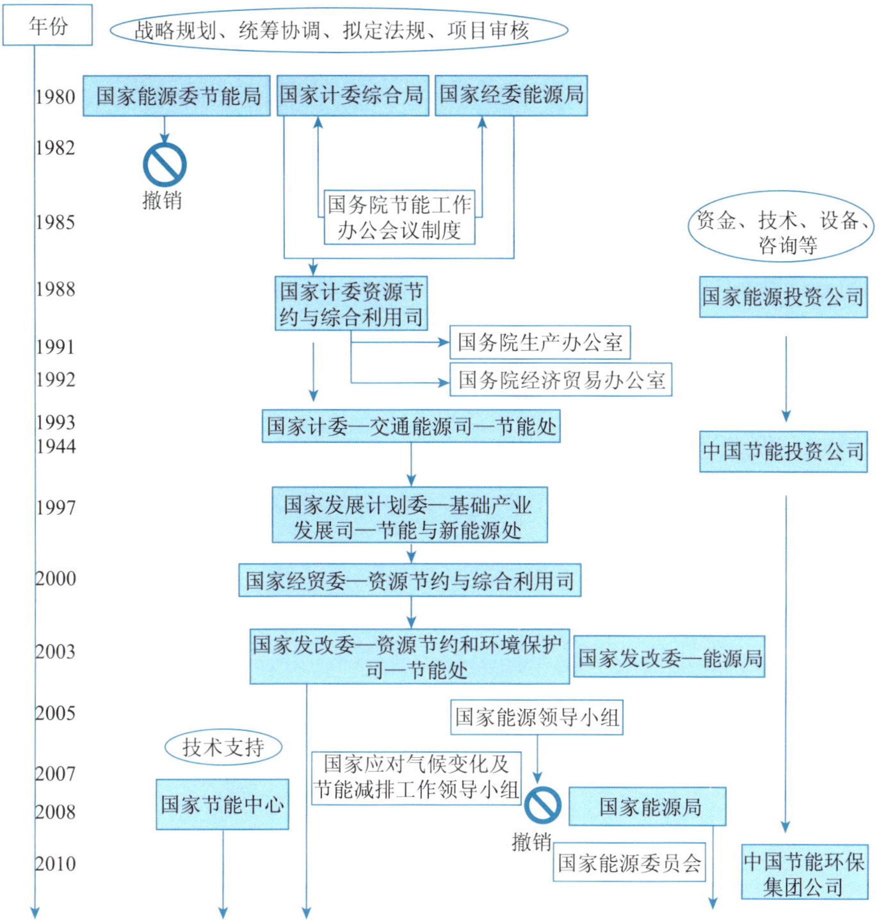

图 2－1　国家节能管理机构沿革

1980 年 1 月，国务院以国发〔1980〕50 号文批转国家计委、国家经委《关于加强节约能源工作的报告》，节能作为一项专门工作进入国家宏观管理的视野。根据该报告的要求，中央和地方政府开始有步骤、自上而下地建立健全能源管理机构，国家宏观经济管理部门包括国家计委和国家经委，都有专门机构管理节能工作。其中，国家计委综合局负责能源长远规划和综合平衡，国家经委能源局组织实施节能措施和能源管理，国务院其他部门也开始建立节能管理职能机构。各省、市、自治区则根据具体情况，按照对口原则，大多建立了由计委或经委牵头的节能协调领导小组。国有大型企业开始设立能源工程师岗位和能源管理机构，一般企业也有专人负责节能管理。

1980 年 8 月，根据第五届全国人大常委会第十五次会议的决议，国务院机构中设立国家能源委员会，下设节能局。此时，国家有三个局级节能主管机构，也就是国家能源委节能局、国家计委综合局、国家经委能源局，凡国家的重大节能问题均由这三个机构共同研究确定。节能管理的分工是：国家计委、国家经委仍负责原来的工作，国家能源委重点负责制定节能政策和对地方节能干部的培训。

1982 年政府机构改革，撤销国家能源委，其中的节能局也随之撤销；新成立国家计委能源计划局。国家节能管理工作主要由国家计委和国家经委负责：国家经委保留能源局，负责能源生产和节约，以及节能管理和节能技改工作；国家计委能源计划局负责研究制定节能规划、计划，安排节能基建和节能科研，以及农村能源和新能源。

1985 年 5 月，根据《国务院节能工作办公会议第一次会议纪要》精神，国务院设立国务院节能工作办公会议制度。办公会议没有另外设办事机构，会议准备和日常工作由国家计委能源计划局和国家经委能源局共同负责。

1988 年 7 月，国务院机构改革，国家经委并入国家计委，国家经委能源局与国家计委能源计划局合并，成立国家计委资源节约与综合利用司，负责全国资源节约与综合利用工作，制定方针政策，编制中长期计划和年度计划，研究推动各部门、各地区的原材料和能源节约、合理使用，研究制定相应的规定和鼓励政策，组织制定农村能源和重要资源的综合开发利用规划，指导节能技术服务中心工作等。由于政府机构改革，实行计划与经济的统一管理，节能工作也相应实行统一归口管理。

1988 年，按照国家投资体制改革的总体方案，成立国家能源投资公司等六大专业投资公司，负责国家能源、交通等部门的基本建设投资项目管理。考虑到节能基建工作的需要，经国家计委批准，成立专门机构——国家能源投资公司节能公司，继续安排重大节能项目专项资金，并挂靠在国家能源投资公司，在国家计划中单列。

1991 年，国务院生产办公室成立，内设资源节约与综合利用司，负责节能工作的管理和技术进步。同年，由国家计委牵头，成立了由各部有关单位和石化总公司、国家能源投资公司节能公司参加的“全国节油领导小组”，各地区、重点耗油部门也成立了相应机构。该机构的职责为：研究编制节油规划、计划；研究提出节油法规；促进节油管理，推动节油技术进步；研究提出促进节油的技术政策和经济政策。

1992 年 5 月，国务院决定撤销国务院生产办公室，并在原有基础上成立国务院经济贸易办公室，内设资源节约与综合利用司。

1993 年政府机构改革，撤销国务院经济贸易办公室，组建国家经济贸易委员会，内设资源节约与综合利用司，下设节能处和新能源处。同年 10 月，新组建国家计划委员会，原国家计委资源节约与综合利用司撤销，新设交通能源司，内设节能处和新能源处，其职责为：研究能源工业中的重大战略、能源节约与新能源开发，研究提出能源工业中重点行业发展规划、政策措施，以及能源工业行业发展中长期规划和年度计划，并负责大中型及以上项目的立项审批等。

1994 年，在国家六大专业投资公司基础上组建国家开发银行。考虑到节能基建工作的特殊性，经国务院同意，国家能源投资公司节能公司直接由国家计委负责联系，公司更名为“中国节能投资公司”，注册资本为 20 亿元。

1997 年国务院机构改革，国家计委更名为国家发展计划委员会，撤销了交通能源司，增设基础产业发展司，下设节能与新能源处。新组建国家经济贸易委员会，保留资源节约与综合利用司，职能有所增加。

2000 年底，由国家经贸委代管的九个国家局撤销，各工业行业的节能工作由国家经贸委资源节约与综合利用司负责管理，该司的职能范围进一步扩大。

2003 年，政府机构改革后，节能领域的国家宏观管理部门的职能又有所调整：一是国家经济贸易委员会被撤销，其中的资源节约和综合利用司整体并入国家发改委，更名为资源节约和环境保护司，下设节能处，全面负责制定和实施节能政策、法规、规划以及宣传等工作。二是 2003 年国家发改委设立能源局，负责能源行业的综合管理和协调工作，下设综合处、电力处、可再生能源处、石油天然气处、煤炭处、石油储备办、信息政策处等处室。

2005 年，能源局的编制从 30 人增加到 57 人，增设了国际合作处。能源局在节能方面的职能是：组织指导能源行业的能源节约、能源综合利用和环境保护工作。为加强对能源战略规划和重大政策、能源开发与节约、能源安全与应急、能源对外合作等前瞻性、综合性、战略性工作的领导，2005 年 6 月 2 日，国家能源领导小组正式成立，作为国家能源工作的高层次议事协调机构，下设国家能源领导小组办公室，具体承担日常工作。根据国发〔2005〕14 号文件规定，国家能源领导小组的主要任务是：研究国家能源发展战略和规划；研究能源开发与节约、能源安全与应急、能源对外合作等重大政策，向国务院提出建议。根据《国务院办公厅关于印发国家能源领导小组办公室主要职责内设机构和人员编制规定的通知》（国办发〔2005〕28 号），在国家发改委单设的国家能源领导小组办公室为副部级单位，负责国家能源领导小组的日常工作。主要任务是研究能源发展战略、规划、能源开发、节约等一些重大政策，向国务院提出意见并督办。

为加强对应对气候变化和节能减排工作的领导，2007 年 6 月 12 日，国务院下发《国务院关于成立国家应对气候变化及节能减排工作领导小组的通知》，决定成立以国务院总理温家宝为组长的国家应对气候变化及节能减排工作领导小组。对外视工作需要可称国家应对气候变化领导小组或国务院节能减排工作领导小组（一个机构、两块牌子），作为国家应对气候变化和节能减排工作方面的议事协调机构。

在国家应对气候变化及节能减排工作领导小组领导下，国家发展改革委负责节能综合协调工作，组织拟定全社会能源资源节约和综合利用规划及政策措施并协调实施，承担国家应对气候变化及节能减排工作领导小组的具体工作，管理国家能源局。国务院各部门在具体职能分工中都承担了各自领域的节能工作。如工业和信息化部负责拟定并组织实施工业（除能源行业外，能源行业节能减排任务由国家能源局承担）、通信业的能源节约和资源综合利用、清洁生产促进政策，参与拟定能源节约和资源综合利用、清洁生产促进规划和污染控制政策，组织协调相关重大示范工程和新产品、新技术、新设备、新材料的推广应用。住建部承担推进建筑节能、城镇减排的任务，会同有关部门拟定建筑节能的政策、规划并监督实施，组织实施重大建筑节能项目，推进城镇减排。交通部负责指导公路、水路行业节能减排工作。财政部承担工业、交通、资源、建设等方面的部门预算有关工作（含资源节约）等。国家质检总局负责组织国家节能标准的制定和修订工作，以及节能标准的统一审查、批准、编号和发布。国务院其他组成部门如科技部、农业部、监察部、审计署等也都在节能减排工作中承担了技术研发、推广和监督等职能。

2008 年，国家发改委设立国家节能中心。国家节能中心为国家发改委直属事业单位，是政府实施节能管理的技术支持机构。主要职责包括：承担节能政策、法规、规划及管理制度等研究任务；受政府有关部门委托，负责固定资产投资项目节能评估论证，提出评审意见等。同年，设立国家能源局，撤销国家能源领导小组。

2010 年，国家能源委员会成立，负责研究拟订国家能源发展战略，审议能源安全和能源发展中的重大问题，统筹协调国内能源开发和能源国际合作的重大事项。同年，经国务院批准，中国节能投资公司与中国新时代控股（集团）公司实行联合重组，以中国节能投资公司作为母公司，并更名为中国节能环保集团公司。

改革开放至今的节能管理机构变化大致分为以下四个阶段：

第一阶段：20 世纪 80 年代初到 80 年代中后期（1980—1988 年）

在这一阶段仍延续了计划经济时期特点，节能管理机构逐步建立和调整，节能工作受到高度重视。节能主管部门为局级部门，节能工作还上升到国务院协调机构，并开辟了融资渠道，为节能管理工作打下基础。

第二阶段：20 世纪 80 年代中后期到 90 年代中后期（1988—1997 年）

这一阶段是上一阶段的延续，但节能管理机构级别降为处级，主管节能工作的部门为节能与新能源处。

第三阶段：20 世纪 90 年代中后期到“十一五”之前（1997—2004 年）

这一阶段能源对经济发展的瓶颈制约有所缓解，并在 2000 年之前出现相对的、阶段性的过剩局面，相应地，对节能的重视程度也有所下降。而随着我国经济体制由计划经济向市场经济的转轨，节能管理逐渐暴露出与市场经济体制不适应的弊端，管理效果也有所下降。

第四阶段：“十一五”至今（2005 年至今）

这一阶段节能重新受到重视，除发改委主管节能外，工信部、住建部等部门也负责对应领域的节能工作，国家还专门成立领导小组来协调节能减排工作。

历史上我国节能管理制度体系素来具有“三位一体”的特点，但在不同时期，节能管理“三位一体”的含义有所不同。①在 20 世纪 80—90 年代，我国节能管理体制具有明显的计划经济特点，这时的“三位一体”是中央和地方节能主管部门、地方/行业节能中心、企业业务部门的“三位一体”，主要是指在宏观、中观、微观三个不同层面，实施节能的计划性管理，从战略规划到具体执行，节能管理者分别担负不同的责任。②随着计划经济向市场经济转变，我国提出了节能管理、节能监察、节能服务“三位一体”，主要是指以政府节能管理为中心，以节能监察和节能服务为支撑，构成节能管理的“一体两翼”。其中，节能监察是政府节能管理的延伸；节能服务主要包括节能服务公司提供的用能状况诊断、节能项目设计、融资、改造等服务，也包括高校、科研院所等提供的科学研究等服务。总的来说，“三位一体”也反映出我国节能管理制度体系中综合运用各种手段，讲求自发性与约束性相平衡的特点。

（三）《节约能源法》关于节能管理的阐述

我国当前的节能管理制度以《节约能源法》① 中明确的管理制度为基础。

从节能管理对象的角度看，可以分为三个主要类别：第一类是政府系统的逐级管理；第二类是对重点用能单位的节能管理；第三类是对终端用能产品的节能管理。围绕这三类对象，我国建立了一套多层次、立体式的综合节能管理制度体系。

（1）针对政府系统的节能管理制度

针对政府系统的节能管理主要是通过节能目标考核的方式实现的。2007 年修订后的《节约能源法》规定，国家实行节能目标责任制和节能评价考核制度，将节能目标完成情况作为对地方政府及其负责人的考核评价内容；省级地方政府每年要向国务院报告节能目标责任的履行情况。这使节能问责制刚性化、法定化，有利于增强各级领导干部的节能责任意识，强化政府的主导责任。节能目标责

① 《中华人民共和国节约能源法》（简称《节约能源法》）是为了推动全社会节约能源、提高能源利用效率、保护和改善环境、促进经济社会全面协调可持续发展而制定的，于 1997 年 11 月 1 日第八届全国人民代表大会常务委员会第二十八次会议通过，自 1998 年 1 月 1 日起施行。尔后，随着我国能源形势、管理体制和社会环境发生了很大变化，法律已不能适应实践需要。主要是调整范围比较窄，条文设计主要针对工业领域，对建筑、交通、民用等领域涉及较少或没有规定；一些制度已不适应市场经济体制要求；许多规定过于原则性，倡导性条款多，惩戒性条款少，缺乏强制力和可操作性。因此，对其进行了修订。现行《中华人民共和国节约能源法》由中华人民共和国第十届全国人民代表大会常务委员会第三十次会议于 2007 年 10 月 28 日修订通过，自 2008 年 4 月 1 日起施行。近十年来，我国能源形势、管理体制又发生了很大变化，法律仍不能满足当前的实践需要，仍有修法必要。

任制和节能考核评价制度具有典型的中国特色，是中国社会市场经济制度下有别于西方市场经济国家的节能制度。这一制度的设立，为依靠行政手段推进节能管理奠定了坚实的法律基础。

(2) 针对重点用能单位的节能管理制度

针对重点用能单位的节能管理制度主要包括节能目标责任评价考核制度、重点能源消费单位节能管理制度、固定资产投资项目节能评估和审查制度、能源管理师制度等。

节能目标责任评价考核制度和重点能源消费单位节能管理制度是《节约能源法》中所明确的对重点能源消费单位进行管理的重要制度。《节约能源法》明确了重点能源消费单位的范围，提出对重点能源消费单位和一般能源消费单位实行分类指导和管理；规定重点能源消费单位应每年向管理节能工作的部门报送能源利用状况报告；要求管理节能工作的部门加强对重点能源消费单位的监督和管理；规定重点能源消费单位必须设立能源管理岗位，聘任能源管理负责人。

能源管理师制度从属于重点能源消费单位节能管理制度。能源管理师是指从事企业能源管理工作的领导和专业管理人员，由企业负责能源管理的厂级领导和管理部门、生产单元（分厂或车间）负责节能工作和能源管理的技术负责人或专职工程师担（兼）任，是企业科技管理人才的重要组成部分。能源管理师是具有良好的职业素养、具备相应的行业知识、掌握现代企业管理方法、精通企业能源管理工作的人，能够帮助企业更好地开展节能工作。

固定资产投资项目节能评估和审查制度是《节约能源法》规定建立的制度，通过对新建项目的方案进行节能评估和评审，在最大程度上杜绝不符合强制性节能标准和节能设计规范的投资项目。该制度要求对固定资产投资项目进行节能评估和审查，是从源头控制出发提高能源效率的一种手段。

(3) 针对终端用能产品的节能管理制度

按照《节约能源法》，终端用能产品的节能管理制度主要包括落后高耗能产品、设备和生产工艺淘汰制度，能效标识管理制度等。

落后高耗能产品、设备和生产工艺淘汰制度是指国家通过制定并公布淘汰目录，禁止生产、进口、销售低效、落后的能源消费产品、设备。该制度把住了高耗能产品、设备和生产工艺的市场入口关，也加大了淘汰更新的力度。

能效标识管理制度要求终端用能产品的生产者和进口商必须按国家有关节能标准和标识张贴要求在设备上明确标注出该产品的能效参数和能效等级，并对能效标识及相关信息的准确性负责。

围绕上述三类对象，还有一系列的辅助性节能管理制度，如能效标准制度、节能认证制度等。除此以外，也有一些相对独立的节能制度，如节能表彰奖励制度、节能监察制度等。

自 20 世纪 80 年代初中国开始建立节能管理制度以来，中国不断地开创节能管理新政策，同时不断学习并引入西方发达国家的节能管理新方法，制度越来越繁多，内容越来越丰富。同时，中国的节能政策和节能管理机构也在随着能源形势的变化和政府机构改革的变化而发生着深刻而复杂的变化。可以说，除了三大类节能管理对象没有发生重大变化以外，中国的节能管理制度一直处于变化和调整中。

2013 年党的十八届三中全会以来，随着“全面深化改革”工作全面启动，以及 2015 年以后，中国经济发展逐步进入“新常态”，能源“供过于求”再次出现，中国的节能管理制度开始进入新一轮的调整期。在这一时点上，谋划未来中国节能管理制度的发展，必须要在立足当前的基础上，更多地借鉴国际先进的节能管理制度和管理经验，力争使新的制度设计更加符合国际上绿色发展的最新趋势；同时也要更好地把握改革的精髓和方向，使节能管理制度更加符合中国全面深化改革和经济“新常态”发展阶段的内在需求。

经验篇
发达国家实施节能管理的模式与经验

三、政府节能管理的必要性及实施模式

（一）政府实施节能政策的驱动因素

节能具有多重效益，因此受到各国政府的重视。根据国际能源署（International Energy Agency，IEA）的研究，大多数国家政府在实施节能和提高能效政策时都有相似的战略考量，主要驱动因素包括强化能源安全、促进经济发展与竞争力提升、应对气候变化，以及提高公共福祉。具体内容如表 3－1 所示。

表 3－1　政府实施节能政策的驱动因素

驱动因素	战略目标
强化能源安全	减少能源对外依存度
	降低国内能源需求，鼓励能源出口
	增加能源安全
	控制能源消费增长
促进经济发展与竞争力提升	降低能源强度
	提高工业竞争力
	降低生产成本
	提高能源的可负担性
应对气候变化	缓解和适应全球气候变化
	根据《联合国气候变化框架公约》（UNFCCC）履行国际义务
	满足加入跨国机构（如欧盟）的条件
提高公共福祉	减少环境污染

（二）节能和提高能效面临的主要障碍

绝大多数节能措施具有成本有效性，投资人可以根据节能行为的成本效益来自发选择节能措施，因此理论上，节能可以由市场机制自发推动。在现实当中，节能领域又存在着一些“市场失灵”现象，提高能效的决策过程中，通常会受到市场、财政、信息、制度和技术障碍的阻碍。这些障碍在所有国家都存在，因此政府出台的大多数节能政策都旨在克服这些障碍。IEA 总结了节能决策可能面临的主要障碍，详见表 3－2。

表 3－2　节能和提高能效面临的主要障碍

障碍	举例
市场	市场价格信号扭曲降低了节能的成本效益
	激励不相容：投资人和受益人不一致
	交易成本（相对于节能，项目开发成本较高）
投融资	前期投入大与投资回收期长
	投资存在较高技术门槛和风险
	金融机构缺乏对于能效投资的了解
信息与意识	决策者难以获得充分信息做出合理决定
管理与制度	能源税收体制改革滞后
	能源供应方倾向于扩大供应量
	对能源供应方存在政策偏袒
技术	缺乏适用的能效技术
	发现、开发、实施和保持能源效率投资的能力不足

（三）政府节能管理模式概述

通常意义上讲，政府对于节能的管理（或称监管）属于政府规制理论范畴。依据 IEA 的定义，节能政府监管整合了立法框架、融资机制、制度安排及协调机制，从而保证了节能战略、政策及项目的实施①。在这一定义下，节能政府监管被分为两个层次：第一个层次是制定法律法规，为节能政策或项目实施提供法律保障；第二个层次是通过政府主导的节能监管行为，有效实施节能政策或项目。

专栏 3－1 节能监管的实现框架

国际上政府监管的理念及政府监管各要素之间的关系如图 3－1所示。其中，实施机构设置是节能监管的重要内容之一。国际能源署将节能监管中的机构安排定义为“一

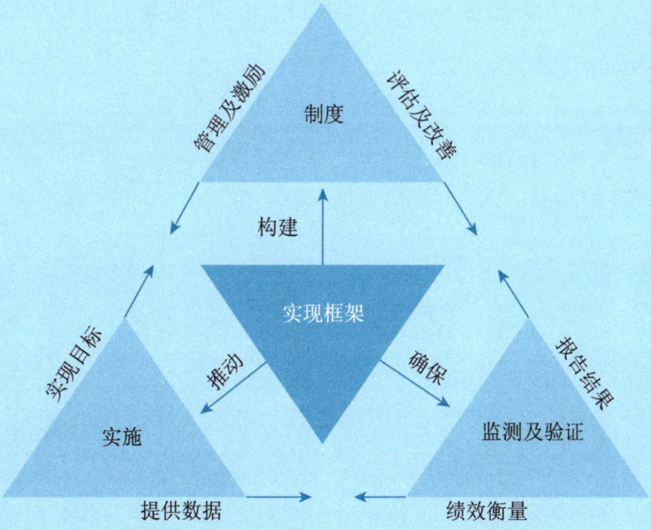

图 3－1 节能监管要素、过程及相互关系

① 国际能源署．节能政府监管［Z］．

个具有执行多个专门任务能力的管理结构”。而世界银行公布的一份报告也明示：从各国情况看，节能监管的执行机构正在从政府机构向独立第三方机构转变，并呈明显的多样化特点。节能监管的机构安排包括组织结构设置、确定管理模式、明确相关方的角色及职责，以及制定促使利益相关方更多参与的执行战略。

虽然大多数国家政府都对节能领域采取了不同程度、不同类型的规制，但由于各国应对气候变化、节能减排的政策执行框架和融资机制不同，所采取的节能政策或项目的机构安排等组织方式也各不相同。图 3－2 列出了六种典型的负责节能政策或节能项目管理的实施机构选择模式。

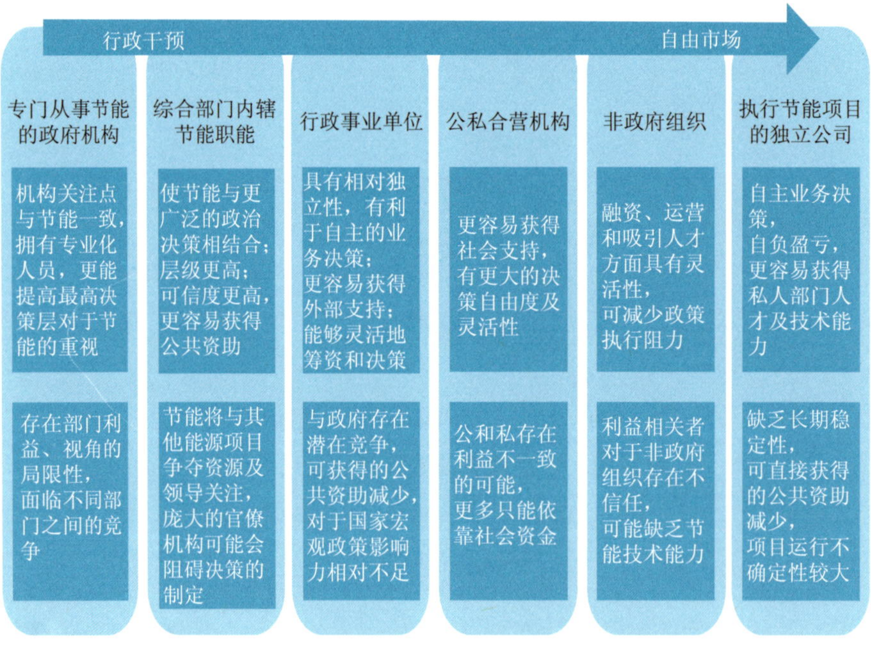

图 3－2　由不同机构负责节能管理的优缺点比较

在实际操作层面，由“专门从事节能的政府机构”和“综合部门内辖节能职能”来推进节能的模式，通常具有较强的政府干预特点，强制力较高；由“行政事业单位”和“公私合营机构”推进节能的模式，强制力相对有所降低，但灵活性较强；由“非政府组织”和“执行节能项目的独立公司”推进节能的模式，具有较好的价值发现功能，机制灵活多样，但缺乏强制力。无论采用何种节能管理模式，节能工作的组织实施机构必须为整个国家、各部门、各行业及各领域提供必要的实施规制，并具备以下核心能力：

- 能够与多个公共及私人机构协同合作，履行节能职责；
- 能够促使私企参与节能活动；
- 能够有效地与各利益相关方接触；
- 能够影响包括公共事业及能源服务公司在内的能源产品和服务提供商；
- 能够帮助能源政策制定者推动节能工作；
- 能够独立、灵活地做出决策，并且拥有包括人员及资金在内的充足资源；
- 能够制定可靠的结果监测方案。

总体上看，市场经济发达的国家通常都采用间接的、“去行政化”的管理方式，政府直接采取行政指令式的管理比较少，更注重调整市场信号、强化标准引导等方面的工作，本国节能工作也基本由非政府组织、第三方机构甚至企业来主导；而行政管制较强的国家则倾向于政府直接或间接干预。

各个国家采用的节能管理模式往往与本国具体国情相适应，而每一种节能管理模式都有其优点和缺点。例如，行政干预较强的管理模式在行动力、执行力和资源调配能力方面具有较为明显的优势，但在政策设计、实施方式等方面可能缺乏足够的合理性，不同部门之间也可能存在利益分配矛盾；相反，自由市场型节能管理模式往往在调动企业和个人节能积极性方面具有一定优势，所设计的政策措施更有可操作性和实用价值，但在稳定性、资源调配能力方面则存在明显不足，且有可能发生与国家宏观政策相冲突的情况。

四、政府节能管理的典型模式分析

（一）政府直接管理模式——印度节能局案例

印度节能局（Bureau of Energy Efficiency，BEE）是负责印度政府监管节能项目实施的主要机构。印度节能局隶属于印度能源部，并获得印度《节能法案》授权，具有以下职能：

- 制定最低能耗标准，为设备及电器设计标识；
- 制定建筑物能效标准；
- 制定能耗规范；
- 对能源审计员及能源服务公司（ESCOs）进行认证；
- 确定能源审计的时间及形式；
- 提高节能意识，传播节能信息；
- 组织针对节能改进的培训并开设相关课程；
- 强化能源咨询公司满足客户需求的能力；
- 推动与节能相关的研究及开发；
- 制定能耗设备测试与认证程序；
- 规划及推动试点和示范项目；
- 实施国际合作项目。

为了支持印度节能局实施节能项目，印度政府于 2009 年 12 月与四家公共部门的企业——印度热电公司、印度电网有限公司、印度农村电气化公司及电力财务公司——合资成立了节能服务有限公司（Energy Efficiency Services Limited，EESL）。节能服务有限公司是一家“超级”能源服务公司，职责是协助节能局及州政府在印度开展节能活动。节能服务有限公司的活动主要集中于以下领域：

- 与私有能源服务公司合作开展节能项目；
- 推动节能项目的筹备；
- 监测及实施中央政府及州政府的方案、项目及政策；
- 为节能、清洁发展机制及项目开发提供咨询服务；
- 对国家指定机构及公用事业的能力建设；
- 为能源专业人士/经理提供培训。

（二）公用事业机构管理模式——南非 Eskom 案例

南非政府在 2005 年推出国家节能战略（NEES），制定了 2015 年比能耗基准情景节能 12% 的节能目标。因为南非电力供应不足，所以国家节能战略的焦点主要放在减少电力消耗上。Eskom 是南非国家所有的公用事业机构，该公司所产电力的 95% 供南非本国使用，另外 5% 供应非洲其他国家。Eskom 公司负责实施南非节能项目，通过实施能源需求侧管理（EEDSM）激励项目和其他节能项目，实现南非的节能战略目标。南非矿业与能源部和南非国家能源监管机构负责指导并监督 Eskom 的实施。

Eskom 负责管理各种节能及需求侧管理项目，为商业、农业及工业领域获得的节能量提供奖励资金，具体包括以下项目：

1. 标准产品项目

Eskom 对符合高效节能标准的单个产品/技术的投资实施项目返

款，最高返款额控制在 75 万南非兰特之内。Eskom 开发了产品/技术节能潜力数据库，凡实施数据库中所列技术的企业均可享受部分返款。

2. 一揽子标准产品项目

一揽子标准产品项目是标准产品项目的扩展项目。项目开发者可以集合单个节能技术，通过签订节能量保证合同的方式获得返款。合同约定的节电能力控制在 1～5 兆瓦。

3. 标准化奖励项目

标准化奖励项目规定，可核实节能量（50 千瓦到 5 兆瓦）的任何能源使用者、项目开发商或节能服务公司，都可以将节能项目推荐给 Eskom。经认定后，项目将在 3 年内按照节能成本率得到一笔固定资金。节能成本率的范围从 42～120 美分/千瓦时不等，每一技术类别的节能成本率由南非国家能源监管机构决定。标准化奖励政策的技术类别包括以下几方面：

- 节能照明系统；
- 建筑管理系统；
- 热水系统；
- 工业过程优化；
- 工业及商业太阳能热水系统。

4. 节能服务公司项目

Eskom 鼓励通过认证的节能服务公司，采取与其他节能服务公司、与 Eskom、与客户合作的方式开展节能活动。参与 Eskom 项目的能源服务公司需提交大幅降低电力需求（理想状态是超过 1 兆瓦）的建议书，由 Eskom 负责审核。需求侧管理项目的节能资金支付范围为 50～70 美分/千瓦时。项目类型包括过程优化、照明、热泵等。

5. 绩效合同

该项目允许 Eskom 通过与单个项目开发商签订合同，批量购买来自多地的、涵盖各种技术且得到证实的节能量。节能成本率通过固定报价或通过竞标流程来决定，一个为期三年的项目最小节能量需要高于 30 吉瓦时。项目类型包括空气压缩机、通风设备、照明、热泵、太阳能热水器、大型资本密集型工业项目等。

（三）行业协会管理模式——法国、英国、日本案例

参与节能的利益各方有着不同的利益诉求，有时会彼此冲突。对政府而言，将利益相关方的利益与政府的能源及环境目标统一起来通常会有一定难度。不少国际案例表明，行业协会能够成为让更多机构、企业和个人参与节能的有效平台。

1. 法国温室气体减排协会

为了使私人企业参与到实现国家温室气体减排目标的行动中，法国环境部与企业协商制订了一个行动方案。在法国政府的鼓励下，大批公司于 2002 年联合成立了一个自负盈亏的机构，名为法国温室气体减排协会（AERES），其目的是集中资源推动实施温室气体减排自愿协议项目。AERES 负责考核、批准、记录及约束每家公司承诺目标的实施情况。当时有 29 家公司和 4 家行业协会承诺在 2003—2007 年减少 15% 的温室气体排放。由 AERES 推动的自愿协议需要政府批准。作为交换，法国政府同意不对参加自愿协议的公司征收碳税。

AERES 由一个执行委员会和一个咨询委员会组成。咨询委员会拥有大约 30 个会员，其中包括 2 名专家和 4 名由法国政府指定的监

察员。咨询委员会的职责是考核每个协议，并告知执行委员会每个协议的稳健性及其是否与总框架协议要求相符。总框架协议由每个会员在加入协会时签订。AERES 的流程已全部实现标准化，包括会员提交信息的标准化、协议文本的标准化（每一协议都有其基本原则）以及标准化的量化方法、报告格式和核准协议。

尽管法国政府尚未评估国家已实现的节能量中有多少是 AERES 努力的直接结果，但是 AERES 建立了一套创新型组织结构战略，既推动了行业内部协调解决相关能源问题，也促使大批行业参与到政府节能和应对气候变化的行动中。由于 AERES 不需要政府公共部门来管理，因此节省了政府开支，能够以相对较低的成本实现既定的国家目标。

2. 英国工业联合会

英国政府也采取了相似的战略，使工业利益相关者通过英国工业联合会（Confederation of British Industrialists，CBI）参与实施英国的节能和应对气候变化项目。作为英国主要的企业协会，工业联合会拥有约 1500 个直接会员，还通过附属的贸易协会会员，成为拥有 24 万家规模不等企业的代言人。工业联合会在组织英国企业参与政府节能及温室气体减排项目中发挥着关键性作用。英国政府一直与代表广泛商业利益的工业联合会紧密合作，制定国家政策目标；工业联合会通过向政府提建议、与其他企业交流、分析政府政策影响及汇编统计资料等方式致力于提升企业利益；工业联合会通过来自各主要行业及业务遍布英国各地的大大小小公司的直接参与提供信息，通过与会员协商的方式确定其立场并影响政策制定过程。世界银行的观点认为，在某种程度上，工业联合会协调政府政策与企业利益的工作已使英国成为世界上政府管制最少的国家。

当政府设定各行业节能及温室气体减排目标时，工业联合会推动不同行业展开对话。这些行业面临的状况不同，因而采取的方法也不同。通过协调各方并适当做出妥协，工业联合会使各利益相关者逐步达成共识，然后游说政府设定更切实可行的目标。目标设定后，工业联合会负责指导和规范会员，确保他们完成其认可的目标。

3. 日本环境共创协会

日本的“支援企业节能补助金”是鼓励用能企业实施节能技术改造的激励政策。由于日本整体能源效率水平居世界前列，企业实施节能技术改造的成本较高，日本政府（经济产业省）为鼓励企业购买先进节能设备、奖励实现年节能率1%或年节能能力超过50万升标准油（约合720吨标准煤）以上的企业，出台了财政补贴政策。

该政策的实施框架如下：由经产省将资金使用权委托给一般社团法人“环境共创协会”（環境共創イニシアチブ，SII），SII组织专家技术委员会，对工厂/企业提交的申请报告、购买的节能设备、企业投资情况进行审查，根据节能改造项目的技术先进性、节能效果和成本效益进行评估，最终确定是否为企业提供补助金。整套政策执行流程如图4-1所示。补助标准为：若用能企业单独实施节能技改，政府补贴1/3费用；若多个企业联合实施（如有ESCO参与），政府补贴总费用的1/2。单一企业补贴上限为50亿日元/年。此外，该政策还对中小企业、能源成本占营业额10%以上的能源密集型企业、可节约10%以上电力消费的项目予以额外支持。用能企业项目完工并获得补助金后，须在设备运行1年后提交节能成效报告，如果没有达到申请报告所承诺的节能量，SII 视情况可能要求企业退回补助金。

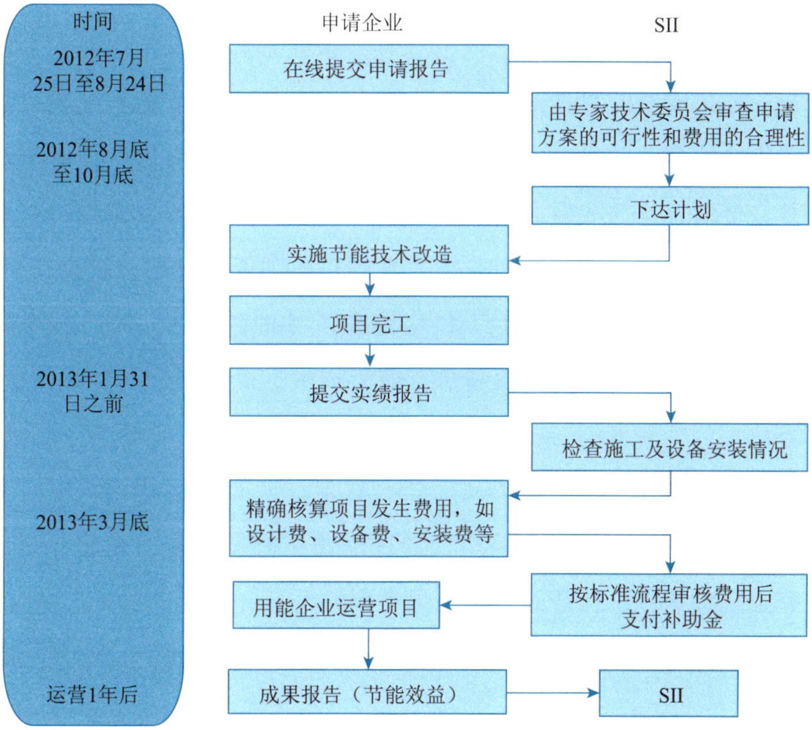

图 4－1　日本支援企业节能补助金申请及发放流程

（四）企业化管理模式——英国碳信托、美国“活力特拉华”案例

1. 英国碳信托（Carbon Trust）

英国政府已确立了一套比较完善的以第三方机构为依托、“政府出资、企业经营”的节能减排工作推进机制。基于新公共管理理论，

政府将政策具体操作执行工作以招标或指定的方式委托给第三方机构，建立了一种政府和第三方机构的公私伙伴关系，从而提高了公共管理效率和水平。

英国碳信托就是一个由政府投资、按企业模式运作的非营利性公司，公司成立的目的是在政府制度框架下，落实节能和减少二氧化碳排放的相关政策。碳信托的主要业务包括：提供低碳技术解决方案，帮助企业、政府和公共部门找出节能减排潜力，实现可持续发展；协助用能单位开展相关技术改造并提供资金奖励和投资支持；测量、评估和核查各类组织、供应链和产品的碳足迹；推广成熟的节能低碳技术和方法，开发和示范前沿技术，以及制定碳排放标准；等等。

如今碳信托已完全脱离政府资金扶持，所有运行费用均通过其他社会组织、基金等渠道募集，经过十几年时间，碳信托已发展成为完全自负盈亏、社会化、市场化运作的第三方机构。

2. 美国特拉华州可持续能源公用事业（SEU）

美国已有几个州采用了第三方模式，让独立第三方组织实施州级节能项目。例如，特拉华州政府创立了一个名为可持续能源公用事业（Sustainable Energy Utility，SEU）的独立节能机构。该机构是通过 2007 年 7 月特拉华州议会法案（《特拉华州能源法案》）设立的，目的是实施州政府的“活力特拉华”项目。依据特拉华州法规，SEU 获得了广泛的授权，可以在全州开展和实施节能和可再生能源项目。“活力特拉华”项目的目标是到 2020 年将特拉华州的能源使用量减少 30%，使分布式可再生能源电力销售增加 10%～20%，将该州的碳排放减少 1/3，为特拉华州的居民和企业提供全面的节能服务，并满足用户不同的可再生能源需求。

SEU 是一个独立的、非营利性的、经济上自负盈亏的机构，它集中了所有的项目管理职责，并承担联络参与项目实施的公用事业单位、能源服务公司、社区组织及能源产业的其他专业组织的任务。SEU 的融资模式是推动私有资本和其他市场资源为节能减排项目提供经费，因此在 2011 年 8 月 1 日完成了美国第一只以货币化节能担保为基础的免税可再生能源债券的发行。SEU 项目模式针对各种类型的能源消费者，涉及所有行业和能源品种，因此很容易利用市场上存在的各种机会聚合资源以开展节能项目。

在组织结构方面，SEU 的行政管理由一个合同机构来负责，而 SEU 活动的资金则由一个财务代理人来管理。州能源办公室负责监督这两个机构，而州能源办公室又接受州能源协调机构及监督委员会的指导。监督委员会由公共部门、学术界及私企的代表构成，负责设立及修正 SEU 的绩效目标，监督 SEU 项目的规划、实施及评估，以此确保项目成果与绩效目标相符。这种组织结构不仅可以保持 SEU 的独立性，而且也能确保有效监督 SEU 的绩效，最终保证所有项目的成功执行。SEU 管理机构和财务代理人都由州能源办公室通过公开的竞标流程选出，两个机构可获得一个多年期（3～5 年）的绩效合同。如果承包人达到或超过预期目标，在征得监督委员会同意后，州能源办公室可以与承包人签订额外期限的续约合同。衡量第三方机构绩效的指标是实现项目整体目标的成本竞争力指标，由能源办公室负责确定奖励标准。如果 SEU 120% 地完成项目目标，即可获得奖金；如果 SEU 未实现项目目标的 80%，就可能被罚款。图 4－2展示了特拉华州 SEU 的组织结构。

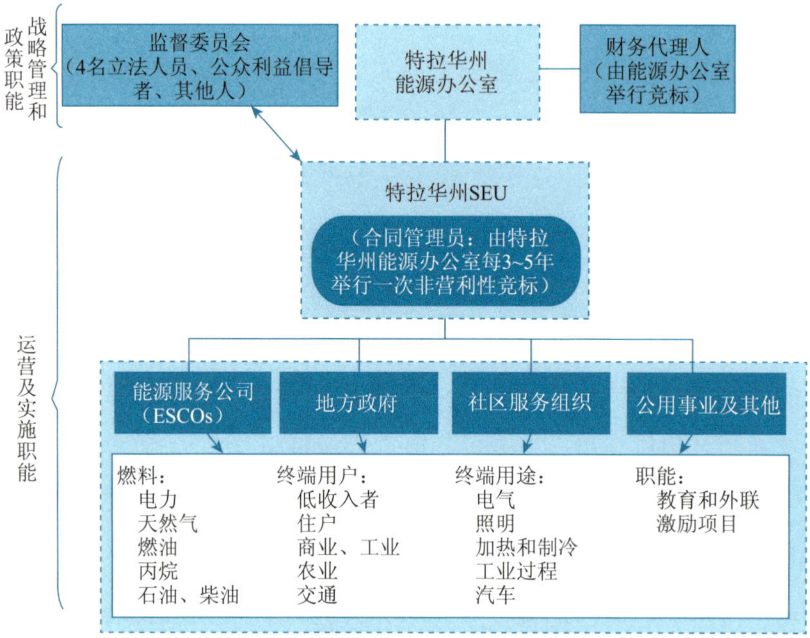

图 4－2　特拉华州 SEU 的组织结构

五、典型发达国家节能管理制度

节能领域存在着部分“市场失灵”现象，因此国际上大多数国家政府都对本国节能工作进行了不同程度的干预。由于不同国家行政管理体制、发展阶段、思想文化、能源消费特点等方面存在差别，其所采用的节能管理模式和制度特点也各不相同。本节重点分析日本、英国、美国等国家节能管理的制度体系和管理机构设置情况，总结该国实施节能管理的特点及经验，为完善我国节能管理制度体系提供借鉴。

（一）日本节能管理制度

由于日本国内能源资源相对匮乏，日本政府一直致力于推进本国节能工作。通过数十年在节能方面的不懈努力，日本已成为全世界能源效率最高的国家之一，不仅在节能领域拥有大量技术储备，在节能理念上更是全球的先行者，其建立的节能管理制度、机制创新及政策体系等值得学习和借鉴。

1. 日本节能管理制度体系

日本节能管理制度体系比较完备，管理主要侧重于重点用能单位和终端用能设备这两个领域（如图 5－1 所示）。

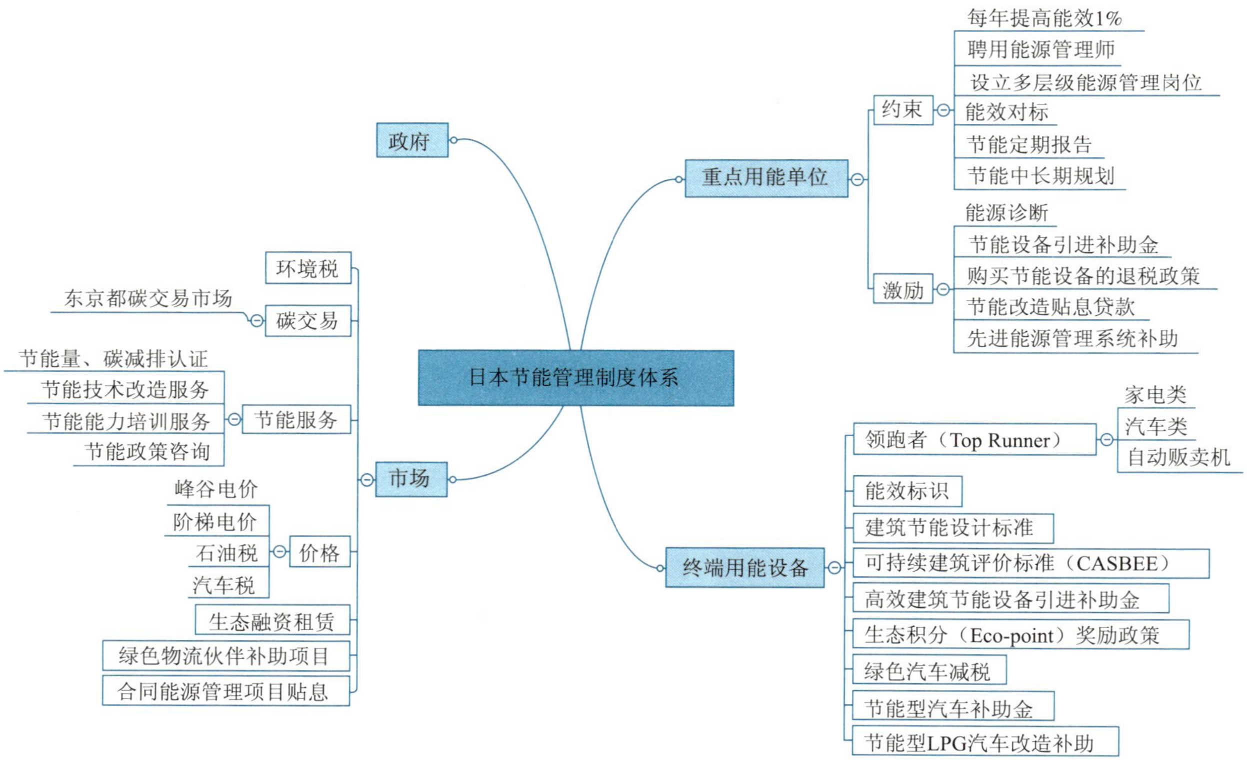

图5－1 日本节能管理制度体系

对于重点用能单位的节能管理，日本政府采取了约束与激励并重的方式。约束方面，《节能法》要求年耗能达到一定水平以上的用能单位必须建立完善的能源管理组织机制，设置能源管理岗位，并聘用具有能源管理师资格的人员，同时重点用能单位还要定期编制节能报告和节能中长期规划（如图 5－2 所示）；经济产业省要求重点用能单位每年提高能效 1%，对于连续多年未能达成节能目标的，政府会委托专业机构对其进行能源审计。激励方面，日本政府为节能改造提供了资金、技术等多方面支持。例如，经产省为重点用能单位实施节能技改项目提供占投资额 1/3 的资金补贴；日本节能中心为用能单位提供免费能源诊断的技术服务；等等。

<table>
<tr><td colspan="2">年能源消耗量（原油当量）</td><td>每年高于150万升</td></tr>
<tr><td colspan="2">工厂</td><td>能源管理指定工厂</td></tr>
<tr><td colspan="2">企业划分</td><td>特定企业</td></tr>
<tr><td rowspan="5">企业的义务</td><td>选任管理员</td><td>能源管理师</td></tr>
<tr><td rowspan="3">提交文件</td><td>选任申报书</td></tr>
<tr><td>定期报告书</td></tr>
<tr><td>中长期计划书</td></tr>
<tr><td>应当遵守的事项</td><td>判断标准的遵守（管理标准的设定、节能措施的实施等）</td></tr>
<tr><td colspan="2">企业的目标</td><td>从中长期角度来看，每年可以提高单位能效1%以上</td></tr>
<tr><td colspan="2" rowspan="3">政府进行的检查</td><td>指导、建议/收取报告书、入场检查</td></tr>
<tr><td>实地调查（对判断标准遵守状况的调查）</td></tr>
<tr><td>合理化计划指示/公布、命令</td></tr>
</table>

图 5－2 日本政府对重点用能单位开展的监管行为

对于重点用能设备领域，日本政府采取了标准引导、信息披露和适度资金支持的方式，鼓励设备生产企业提高产品能效，并为高效产品扩展市场销路。例如，“领跑者”和能效标识可以让消费者清晰地看到节能产品的能效水平和经济效益信息，从而提高了购买节能产品的消费倾向。

在节能市场机制方面，首先，日本在能源、环境领域的税收机制相对比较健全，能源价格基本反映了资源的稀缺性和外部性，相比大多数国家，日本的能源价格较高，客观上有利于提高企业和个人节能的积极性。其次，尽管日本在全国层面并未开展碳交易、节能量交易等行动，但在东京等地区已开展了区域性碳交易。最后，日本节能市场服务体系比较健全，合同能源管理、节能技术服务、节能人才培养等机制都已建立，能够为用能单位提高能效提供有力支持，尤其是在节能服务领域，以日本节能中心为代表的第三方机构和以各经济联盟、行业协会为代表的社会组织，长期为各重点用能单位提供能源审计、节能诊断、节能最佳实践宣传等工作。

2. 日本节能管理机构设置

总体来看，日本节能管理组织机构以经济产业省资源能源厅为核心，由国土交通省、环境省等其他部门共同参与，进行从中央到地方再到企业的集中化节能行政管理。目前，经济产业省是全国节能工作的主管部门，其下属的资源能源厅统一负责全国节能规制工作，而作为地方分局的经济产业局则负责对地方及企事业单位的统一管理。为加强行政能力、提高政策制定的合理性，资源能源厅还把由学术界及行业代表组成的综合资源能源调查会作为制定重要政策时的咨询机构，在制定政策时参考专家及产业界代表的意见。在地方政府层面，以分别管辖全国各都道府县和政令指定城市的 8 个经济产业局作为地方分局对地方自治体及企业进行管理。

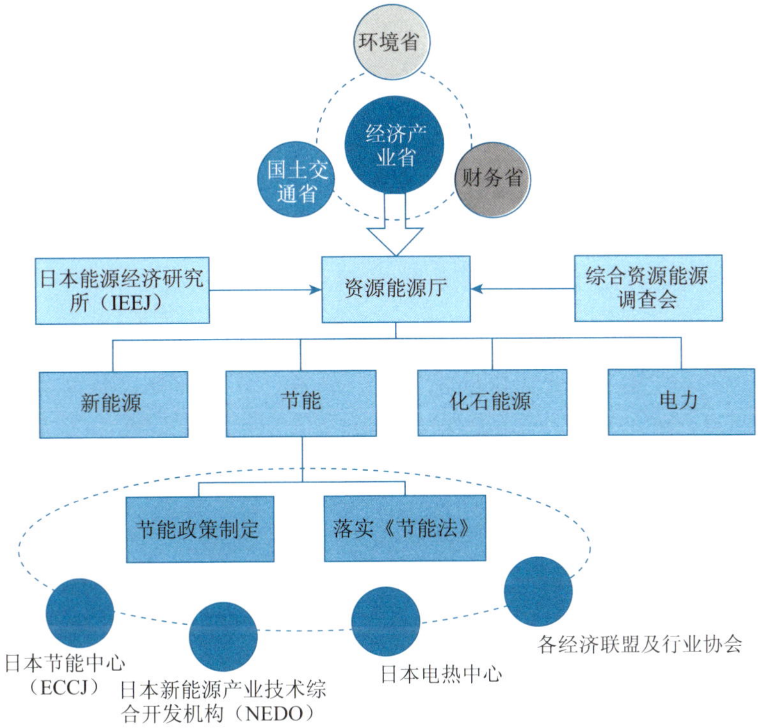

图 5－3　日本节能管理制度的行政体制及基本内容

日本《节能法》对各部门在节能领域的行政职责进行了规定。经济产业大臣负责合理利用能源的基本方针的制定及工厂、机器等的节能管理；运输及建筑物节能管理及汽车性能节能管理部分，由国土交通大臣参与制定；对建筑物所有者的管理由各都道府县等自治体的领导人负责。如上所述，日本的节能行政机构由经济产业省（其大臣为主管大臣）、国土交通省和地方自治体 3 个部分组成，其中经济产业省发挥着核心主导作用。

专栏5－1 日本节能中心基本情况及业务介绍

日本节能中心是日本经济产业省下辖的财团法人单位，成立于1978年。在日常工作当中，日本节能中心是日本《节能法》贯彻落实的重要部门，起到了连接政府与民间企业的桥梁作用，长期以来为日本重点用能单位和能源领域相关人员提供技术方面的支持。

在工业、民生（商业/家庭）、运输等领域，日本节能中心积极从事节能的普及启发、调查、诊断指导、信息提供工作。同时，日本节能中心还从事国际技术合作及人才培养等既具有实践性又涉及范围广阔的活动。此外，举办能源管理师等国家资格认证考试、发放补助金、表彰节能先进等也是该中心业务内容的一部分。

推进工厂、大型建筑等设施节能、节电、减碳

- 能源审计、节能指导
- 提供节能、节电案例和技术信息支持
- 减少二氧化碳排放解决方案

不同地区家庭节能技术支持

- 支持不同地区节能实践行动
- 提供能效标识体系中节能型家电相关信息

节能领域人才培养

- 开展节能讲座
- 日本节能中心自主资格认定
- 节能出版物

推进节能领域国际合作

- 专家派遣、交换学者
- 节能国际商贸合作
- ISO50001评审机构

国家节能专门职业资格认定

- 能源管理师培训、考试
- 能源管理员讲习班

图5－4 日本节能中心主要业务职能

资料来源：日本节能中心网站。

3. 日本节能管理制度主要特点

（1）政府相对强势干预节能是日本节能管理制度的基本特点

日本节能管理制度属于政府相对强势干预模式，其特点具体表现在两个方面。首先是政府对重点用能单位节能的直接干预比较多，例如强制要求用能单位设置能源管理岗位并聘用能源管理师、强制要求用能单位填写节能报告并制定节能中长期规划、强制要求用能单位每年提高能效1%等。其次是政府干预节能的领域广——日本政府在产业、民生、交通、建筑等各部门都建立了节能管理机制（如图5－5所示）。日本制定《节能法》之初，由于工业领域的能源消费量与民生、运输领域相比比重较大，因此，节能法中将促进工业领域的节能作为重点。但是，到了20世纪90年代以后，在全球环境问题不断升级的

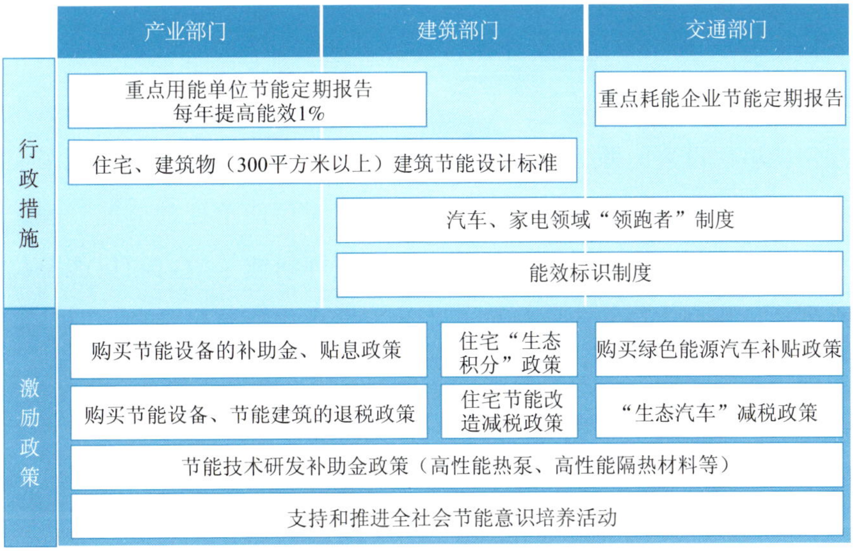

图5－5 日本节能管理政策体系

背景下，民生、运输领域的节能要求也被提上重要议程，由此引进了设定家电及汽车等的能效标准的“领跑者”制度及反映用能设备节能性能的节能标识制度等。

（2）能源管理师是日本政府管理重点用能单位的核心环节

随着节能技术水平提升、先进设备普及，能源管理人才成为日本政府加强节能工作的另一个重点和突破口，能源管理师的出现就是突出体现。通过推进能源管理师制度，日本培养出一支高水平、专业化的节能人才队伍，节能的“软实力”大大增强。能源管理师是在日本《节能法》允许的范围之内，由政府强制推行的面向重点用能单位的职业资格。《节能法》要求用能单位设置能源管理岗位，并强制要求超过一定能耗的企业聘用能源管理师，政府在《节能法》指导下开展能源管理师相关工作①。

能源管理师的主要职责是帮助用能企业进行能源管理，具体职责如图5－6所示，能源管理师将负责企业能源管理标准设定、设备维持和更新、节能诊断等一系列工作。此外，日本政府不仅要求重点用能单位设置能源管理岗位并聘用能源管理师，而且还拓展了能源管理师与政府之间的沟通职能，将政府对用能单位的节能管理统一于对能源管理师的管理，使得能源管理师扮演了政府和用能单位之间的“中间人”角色。例如日本政府要求用能单位定期填写节能状况报告、节能中长期规划等，这些工作都落实在能源管理师身上，而且政府在落实节能法规、政策、标准时，能源管理师也起着承上启下的作用。

---

① 符冠，郁聪．再看日、美能源管理师制度对我国的启示［J］．中国能源，2014（2）.

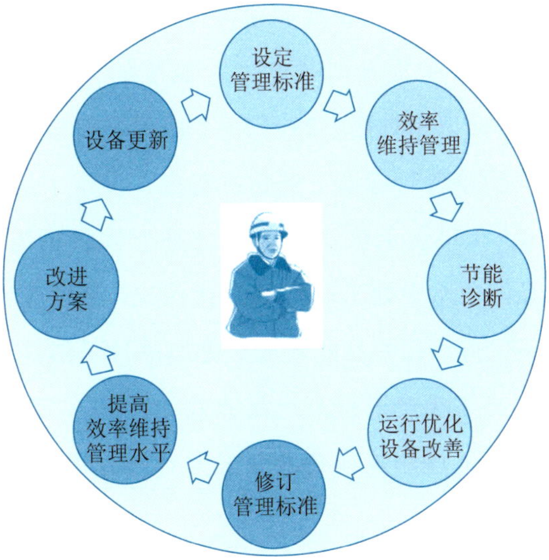

图 5－6　能源管理师在用能单位的主要职能

(3) 能效“领跑者”制度是日本提高终端用能设备能效的创新举措

随着日本经济和社会快速发展，民生、交通领域能源消费量、能源消费比重不断增加，如何提高这两个领域的能效水平成为日本政府面临的重大挑战。传统的设定能效标准的方法虽然可以根据能效将不同终端用能设备进行分类，从而为消费者提供参考，但缺点是无法及时对行业内各企业提高设备能效形成指导。为更好地鼓励终端用能设备生产企业提高产品能效，日本政府建立了能效“领跑者”制度，通过树立行业标杆的方式达到“优中求进”的目的。具体来说，“领跑者”制度在设定目标标准值时以市场中存在的所有产品中能源效率最优秀的产品的数值为基础，加上今后可预见的技术进步程度，并要求行业内所有设备生产企业产品能效在若干年内达到该标准值。从实施情况看，每一次“领跑者”标准的更新，都会对行业内所有生产企业起到督促和鞭策作用。

近几年，为进一步提升“领跑者”制度的作用，日本政府还将“领跑者”与能效标识相对接。如图 5 – 7 所示，对接后的能效标识增加了该产品在“领跑者”标准下的达标程度，设定了最高 5 星、最低 1 星的评价制度，5 星表示该产品能效已赶上或超过当前“领跑者”标准，即该产品能效水平处于同行业最优状况。“领跑者”标准与能效标识对接，不仅可以让产品能效水平更加一目了然，帮助消费者决策，还进一步提高了生产商提高产品能效的意识。“领跑者”制度已成为日本政府提高终端用能设备能效最为有效的政策措施。

图 5 – 7　包含“领跑者”信息的能效标识

信息来源：日本经济产业省网站。

（二）英国节能管理制度

英国长期以来一直在应对气候变化领域进行积极尝试和大胆实践，并在提高能源效率、优化能源结构、提高发展质量和效益等方面取得显著成效。经过多年努力，英国不仅已经建立起了推进节能和减少温室气体排放的法律体系、财税制度和各项政策工具，逐渐探索出一套基于市场经济原则的、有效的节能低碳制度体系，更在如何高效、准确、低成本执行政策，形成“政府、社会组织、企业”之间的良性互动方面积累了不少成功经验。

1. 英国节能低碳管理制度体系

2008 年 11 月，英国《气候变化法案》正式签署生效，使英国在相关领域的规制工作走上法治化道路。该法案中最核心的条款是“碳预算”，即具有法律约束力的碳排放总量目标——2020 年温室气体排放量比 1990 年下降 26%，到 2050 年下降 80%。之后，英国政府陆续出台《英国低碳转型计划》《英国能效战略》《英国低碳工业战略》《可再生能源战略》等政策文件，与《气候变化法案》配套，构建了英国向低碳转型的总体战略布局，形成了以《气候变化法案》为法律依据的政府监管综合战略框架。

为实现碳预算目标，提高能效成为英国政府最为重视的领域之一。迄今为止，英国政府已推出了覆盖工业、商业、公共机构、交通和民生领域的节能减碳政策措施，并一直致力于节能减碳的市场服务体系建设。如图 5－8 所示，与日本相似，重点用能单位是英国政府节能管理的重点对象，但区别在于英国政府促进重点用能单位节能更加侧重于市场手段，更多借助于税收和交易机制。气候变化税、最低碳价、欧盟排放权交易体系都是促进企业节能减碳的有效措施。英国的节能减碳市场体系建设得更为完善，法律、金融、技术服务机构比较健全，一些国际组织和行业协会还建立了行业间、企业间的沟通交流平台，为英国政府节能管理打下坚实的基础。

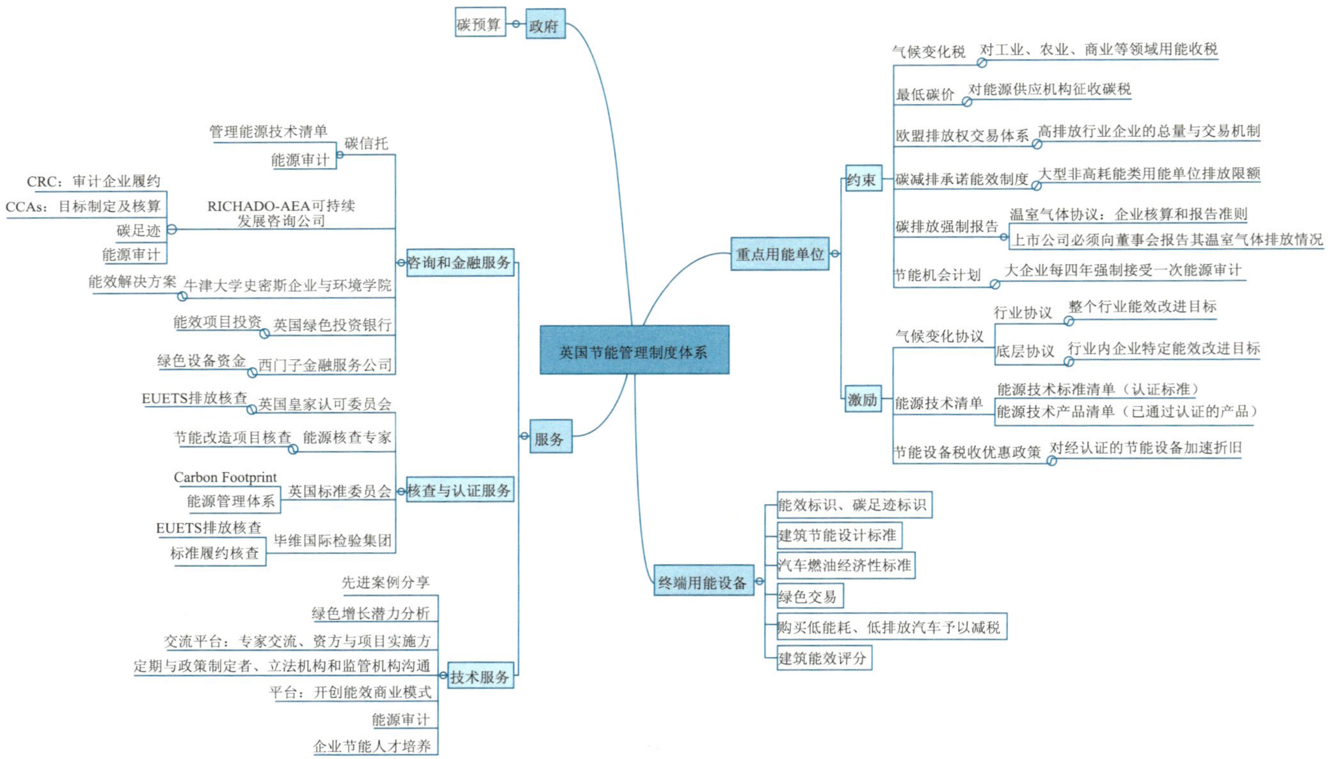

图 5－8　英国节能管理制度体系

对于终端用能设备，标准标识是促进高效节能产品推广的重要举措，此外还配合以减税的激励手段。在政府层面，碳预算是具有法律效力的针对政府的碳排放约束，英国也是首个对政府进行碳排放约束的国家。

2. 英国节能管理机构设置

英国于2008年成立了能源和气候变化部（Department of Energy and Climate Change，DECC），旨在促进英国能源可持续发展以及应对气候变化带来的挑战。其中，提高能源效率是DECC的重要职能之一。总体上看，英国政府采用了间接的节能管理方式——DECC是全国节能工作的主管部门，但其只负责政策设计、监管、评估以及资金申请等，政策执行、资金拨付等具体工作则由各相关机构、行业协会以及科研单位来负责。英国节能管理基本架构如图5－9所示。

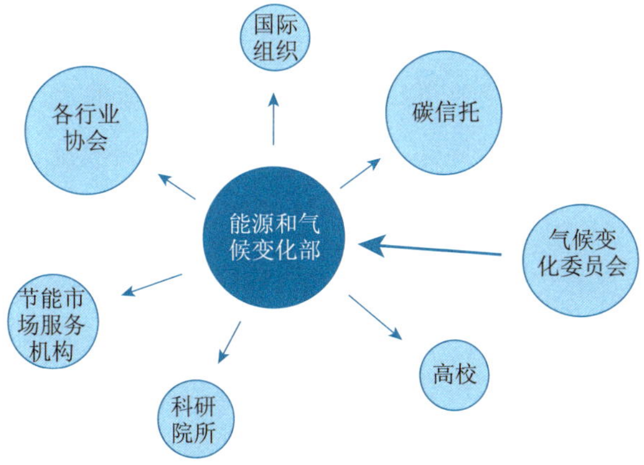

图5－9　英国节能管理基本架构

3. 英国节能管理制度主要特点

（1）以价格、财政、税收手段为主对节能减碳进行间接规制

英国是典型的市场经济国家，工党、保守党等大多数党派人士都认为节能减碳在塑造英国国际形象等方面极为重要，恰当的节能减碳措施还能够提高企业竞争力；但同时也认为节能减碳应出于企业、个人的自主意愿，而非政府强制。因此，英国节能减碳规制以价格和财税手段等间接方式为主。例如，英国从2001年起征收气候变化税，提高企业能源成本以激励其开展节能减碳行动，同时为那些在节能减碳方面表现出众的企业提供税收减免。在征收气候变化税过程中，英国政府比较注重“税收中性”原则，将气候变化税结余部分用于节能减碳信息服务、技术研发及能力建设等领域。在此体系之下，企业可以通过自主节能减碳行为来减少气候变化税支出，同时，还能通过节能减碳建立其在同行业竞争对手中的优势地位。因此，虽然被额外征税，但大多数企业对气候变化税的反响较好，态度也比较积极。再如，欧盟温室气体排放交易体系对纳入其中的每个企业虽然都有温室气体排放配额要求，但企业可以根据节能减碳措施的成本有效性来选择自行实施节能减碳措施还是从市场上购买排放额度，该体系具有激励节能减排，同时使企业节能减排成本最小化的双重作用。

（2）以气候变化税作为英国政府节能减碳管理的核心和最有力措施

英国政府为实现碳预算目标先后出台和施行了五大政策：气候变化税（Cliamte Change Levy，CCL）、欧盟碳排放交易体系（The EU Emissions Trading System，EU－ETS）、气候变化协议（Climate Change Agreements，CCA）、碳减排承诺（Carbon Reduction Commitment，CRC）和最低碳价制度（Carbon Price Floor，CPF）。如图5－10

所示，五项政策之间相互关联、相互补充，形成了几乎覆盖所有碳排放领域和碳排放主体的规制网络。实线表示强制性全覆盖执行，虚线表示只有部分企业参与到制度中或自愿加入。其中，气候变化税是英国政府对节能和减少温室气体排放方面进行监管的基础性工具之一，征收对象是使用化石能源的工商业企业和公共部门。气候变化税使企业能源成本平均提高了10% ~15%，促使企业不得不重视提高能效和使用低碳能源。气候变化协议是气候变化税的一个辅助工具，目的在于减少气候变化税对高耗能企业的冲击，若企业与政府签订节能减碳协议并实现所承诺的目标，即可获得相当比例的气候变化税减免。碳减排承诺是对欧盟温室气体排放交易体系和气候变化协议的补充，适用于没有被列入上述两项政策之中的非能源密集型企业，这些企业可自行申报并获得排放配额，配额可以用于

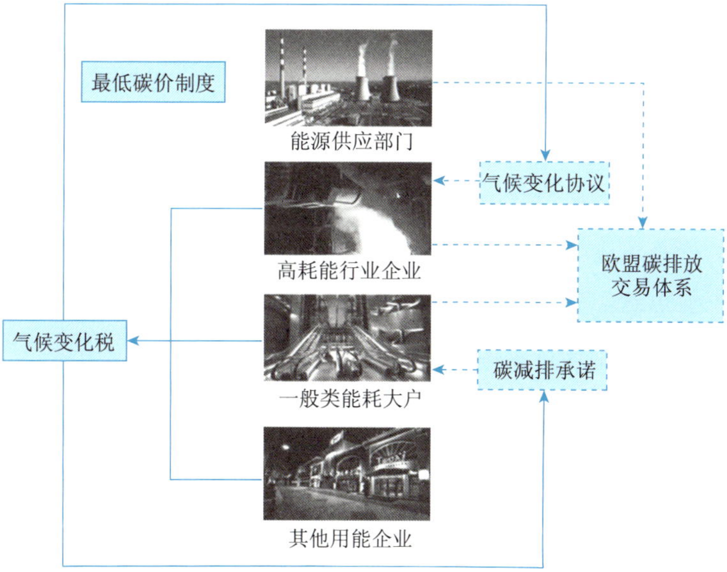

图5-10　英国以气候变化税为核心的节能低碳激励政策体系

交易。最低碳价制度是政府针对未被纳入气候变化税覆盖范围的使用化石燃料的电厂，明确最低碳价，相当于对电厂征收碳税，且税率与EU－ETS的碳价形成联动，提高了化石燃料发电的成本，有利于引导电力行业节能减碳，并鼓励其向低碳电力投资①。

（3）以依靠第三方机构为主推动节能减碳制度贯彻实施

在实际操作层面，英国政府已基本建立了一套以第三方机构为依托、“政府出资、企业经营”的节能减碳工作推进机制。以气候变化协议为例，英国能源和气候变化部（DECC）负责对气候变化协议项目的监管，并采取政策决策和政策运行相分离、政府购买服务的模式，以第三方机构作为政策执行者。最初，为建立和规范节能减碳领域的第三方服务市场、发挥示范效应，英国政府从气候变化税收入中划拨出一部分成立了碳信托有限公司，专门负责为企业提供低碳技术解决方案，协助企业开展技术改造并提供资金奖励和投资支持、推广成熟的节能低碳技术和方法，开发和示范前沿技术，以及制定碳排放标准等。经过10年运营，碳信托公司不仅已发展成为完全自负盈亏、社会化、市场化运作的第三方机构，摆脱了对政府资金的依赖，还带动了其他第三方机构的发展。如今，英国政府的绝大多数提高能效和减少二氧化碳排放的政策都由第三方机构负责实施，政府专注于政策设计和对第三方机构的绩效核查工作。

行业协会在英国政府和企业之间起到了良好的沟通和协调作用。在英国，政府和企业之间存在着一些极有影响力的行业协会组织，扮演着上传下达的“桥梁”角色。在英国政府制定和分解二氧化碳

---

① 符冠云，郁聪．英国节能和应对气候变化支付监管体系与模式对我国的启示［J］．中国能源，2014（10）．

减排目标时，行业协会作为“中间人”，分别与政府节能低碳主管部门和企业进行谈判协商，既与政府商议制定本行业切实可行的减排目标，又在完成国家碳预算目标条件下与企业谈判，确定各企业应该承担的节能减碳目标，经过多个回合的协商谈判，最终将节能减碳任务分解到每个企业。在整个过程中，政府无须和每个企业直接对话，而是由行业协会发挥承上启下的作用，使得节能低碳目标的制定和分解更为科学合理，也提高了政府运行效率。此外，英国大多数行业协会都建立了来自企业、高校和科研院所的专家库，可独立或与其他社会组织共同为本行业企业提高能效和减少二氧化碳排放提供信息咨询服务。

（三）美国节能管理制度

美国一直以用能“大手大脚”、对气候变化漠不关心的形象示人。但是，2008 年的金融危机之后，美国社会对于节能的认识发生了较大转变。奥巴马政府出于走出衰落、重振美国竞争力的考虑，把提高能效、发展可再生能源作为刺激经济复苏、培育新兴产业的重要手段；而美国民众则出于节省开支的考虑，普遍提升了对节能产品、设备的接受程度。由此，节能成为政府与民众的利益契合点。也正是因为如此，近年来美国政府对于节能的干预程度有所提升。

1. 美国节能管理制度体系

与日本和英国相比，美国的节能管理制度体系相对简单（如图 5－11 所示），政府的节能管理力度也比较弱。首先，美国并没有国家层面的节能和应对气候变化目标，联邦政府和州政府、地方政府之间也不存在约束性的指标任务。其次，政府没有对重点用能单位进行指标约束类的管理，仅通过财政补贴等方式鼓励企业实施提高能效

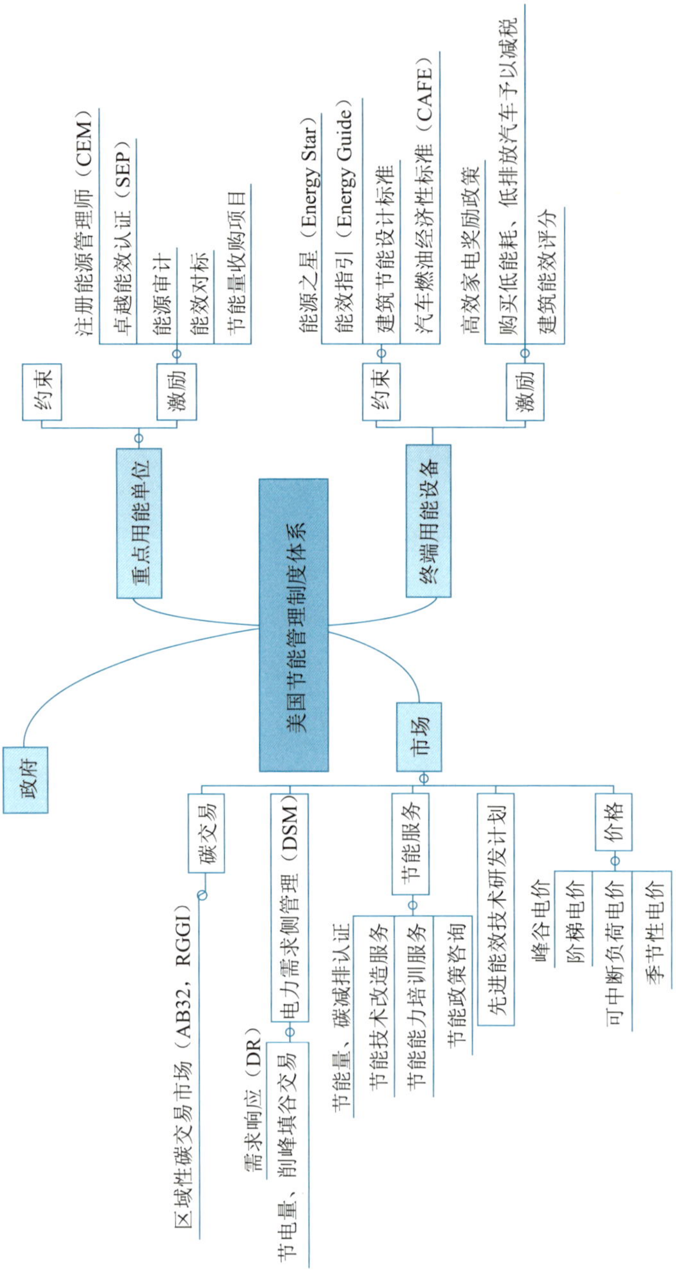

图 5－11 美国节能低碳管理制度体系

的项目。最后，政府不直接为企业提供技术、信息等方面的服务，而是由行业协会及第三方机构自愿开展相关活动。总体来看，美国政府对于本国节能的规制力度远低于日本和英国，但是在营造市场环境以及标准/标识/认证方面，美国又有很多经验值得学习借鉴。

对于重点用能企业，政府并没有对其进行强制性的节能约束，取而代之的是为企业提供能效服务及认证宣传。例如，加州等地方政府为本地重点用能单位提供能源审计补贴；各行业协会组织专家学者为行业内企业进行能效对标，帮助其挖掘能效改进潜力等。人才培养方面，注册能源管理师（Certified Energy Manager，CEM）是北美最知名的能源管理培训和认证之一，目前已在全球十几个国家开展培训和认证，并以其灵活的市场化运作模式、注重全面性和实用性的人才培养方式等特点而获得广泛认可。

对于终端用能设备能效的改进，政府主要采取标准/标识/认证的方式对企业进行间接约束。例如，美国于 1992 年开始实施自愿性节能认证——能源之星，能效达到一定水平以上的产品可以获得能源之星认证。根据美国政府采购法要求，只有获得能源之星认证的产品才有资格被纳入政府采购清单，因此厂家对于能源之星的重视程度极高。汽车燃油经济性标准是由美国环境署颁发的具有法律强制性的能效标准之一，如果汽车生产厂家生产的汽车未能达到标准要求，则该产品将不能在美国本土出售。

在能效市场建设方面，由于美国能源价格尤其是电力价格体系比较完善，电价可根据电网负荷情况随时调整，因此为电力需求侧管理、需求响应等市场化节能/节电机制运行提供了良好基础。公共事业机构、电力运行服务机构以及相关公司会结合本地用能特点及成本有效性，自发发起不同的节电项目。

专栏 5－2 北美能效收购项目案例简介①

北美能效收购项目是指在北美地区（主要是美国北部地区和加拿大一些地区）实施的节能量/节电量奖励项目。该项目一般由能源供应机构发起，从电力终端用户方收取电力附加费；监管机构与第三方能源服务公司签订节能量交付合同后，由第三方能源服务公司为终端用户实施节电改造提供资金或技术支持，合同期满后如果节能量目标达成，能源供应机构则将合同约定资金支付给第三方能源服务公司。项目执行机制如图 5－12 所示。

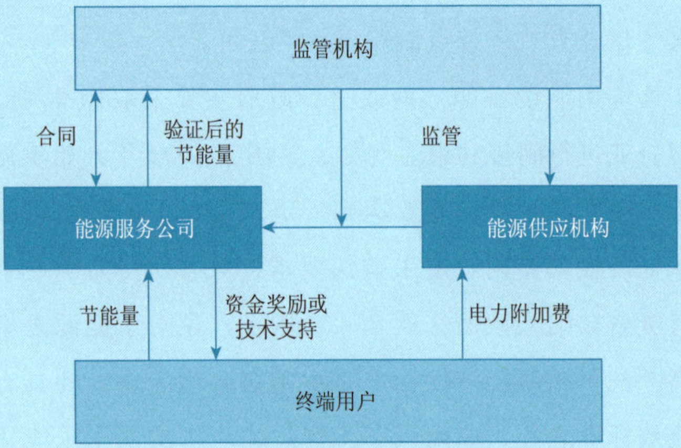

图 5－12 北美能效收购项目执行机制

能效技术是美国政府支持的重点领域之一，近年来政府每年投入大量资金促进技术创新。例如，2009 年美国组建能源高级研究计划署

① 工业生产力研究所．能效资源收购项目——以市场化的手段有效利用公共资金实现节能［Z］．2013.

（Advanced Research Projects Agency－Energy，ARPA－E），专门负责对高风险、高收益的研发领域的投资，弥补社会研发投入的“真空地带”。该机构定期发布技术攻关目录，由各社会研究组织自行选择。迄今为止，ARPA－E已资助超过400项重大能源技术研发，涉及太阳能电池、生物燃料、余热回收设备、高效汽车发动机、碳捕捉与封存技术等多个领域。

2. 美国节能管理机构设置

相比于日本经济产业省、英国能源和气候变化部可以直接通过政策机制干预并参与节能工作而言，美国的节能管理则更多采用了市场导向的分散决策方式。首先，政府很少对节能进行直接干预，而是更多地倾向于进行标准和价格政策引导以及应对市场信息不对称；其次，联邦政府和州政府分工不同，有的州政府由于具有更大的自主权和政策灵活性，实施了比较积极的节能政策和行动；最后，行业协会及社会组织在节能领域中发挥了极为重要的作用。

如图5－13所示，在联邦政府层面，美国能源部下属的能效和可再生能源局是全国节能战略的制定者，能源监管委员会负责相关政策、项目的运行，而能源信息署则主要负责能源信息的统计工作；美国环保署和国家运输安全委员会也有部分节能职责。在大部分州政府设有相应的能源管理部门，如加州能源委员会（California Energy Commission，CEC），负责执行国家的能源政策，以及各州政府制定的能效政策。总体上看，政府层面的主要工作包括：制定节能政策，为节能工作的开展提供良好的政策环境；协调各方关系，对政策的实施起到监督和宏观调控的作用，保障节能政策的贯彻执行；利用公共财政支持节能工作，制定基于市场的节能激励政策，引导不同群体出于自身利益去自发节能；对用户进行节能宣传，提供节能信息；支持节能技术的研究、开发和市场转化；率先使用先进的节能技术和产品。

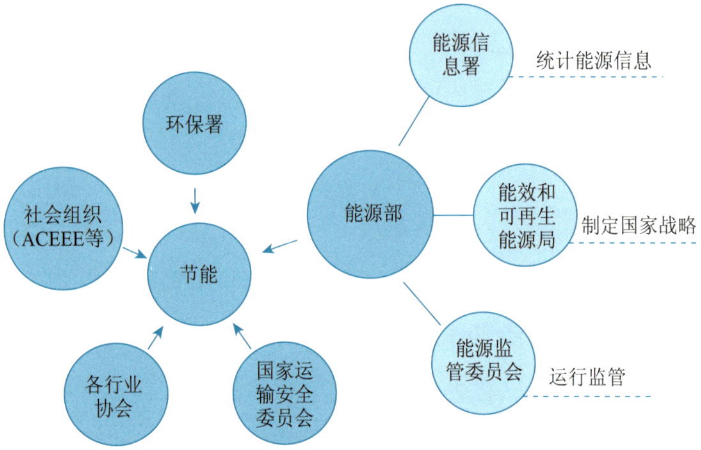

图5－13　美国联邦政府层面节能管理机构设置情况

非政府部门是沟通政府部门和市场的纽带和桥梁，在美国的节能工作中起着非常重要的作用。一方面，它们帮助政府制定相关的能源政策、节能标准和激励政策；另一方面，它们在能源政策和节能标准的实施过程中发挥着重要作用。这些非政府部门主要包括科研单位、大学、实验室，也包括一些相关的节能咨询公司。

专栏5－3　美国联邦政府层面的节能管理机构简介

美国能源部设能效和可再生能源局（EERE），是部内最大的局，有两个综合办公室：规划和预算办公室，管理和运行办公室。下设5个市场部门：电力技术办公室、工业技术办公室、交通技术办公室、建筑技术和商务办公室、联邦能源管理办公室。此外，还有6个区域办公室，分设在亚特兰大、波士顿、芝加哥、丹佛、费城和西雅图。人员编制约450人。

美国环保署负责制定和实施水、空气、废物利用和其他与环境保护相关的全国性政策。在能源领域的主要职能包括燃料替代、清洁能源、燃料经济、地热能源、水电、可再生能源、节能、能源效率及温室气体减排等。

联邦能源管理机构的主要职能是负责各州之间的天然气、石油、电力的销售、输配等的统一协调工作，审查私人及市政的水电工程和各州之间的天然气、石油管道的位置选择，监管关于天然气、石油、电力和水电的相关环保措施等。

3. 美国节能管理制度主要特点

美国节能管理制度的特点可以总结为“小政府、大社会”的市场主导模式。在此模式下，政府采用标准和价格等间接手段干预节能，通过基于市场经济的激励和约束措施，使节能工作切实触及各方利益，从而能够调动各方推进节能工作的积极性。同时，联邦政府、州及地方政府、社会组织、行业协会、企业以不同身份、不同方式参与到节能工作当中，各主体分工定位明确，形成了良好的节能工作推进机制。

（1）采用基于市场、责权清晰的节能管理组织架构

各参与主体责、权、利划分清晰是美国节能管理组织架构的主

要特点。无论是从联邦政府、州政府和地方政府职责划分，还是从“政府、社会组织、公共事业机构、企业、个人”的利益链条中各相关方工作重点来看，美国节能规制体系都表现出分工明确、责权清晰的特点。

政府主要负责制定影响节能工作市场环境的规则，在把握国家的资源优化配置、能源安全及环境保护的前提下充分体现市场“利益”驱动原则，使国家、企业、设备生产商及用户都能够从节能中真正获益；同时对政策的实施起监督、协调和宏观调控作用。

节能“中间机构”（主要包括行业协会、科研部门、公民组织、第三方机构等）的职能包括：为政府提供决策咨询服务；为节能政策、法律、法规的制定提供决策咨询服务；参与制订各种标准、规范；配合政府对节能政策及节能项目的执行情况进行评估；配合政府实施节能政策，为企业及用户提供节能咨询、节能宣传及培训。

公共事业机构、重点用能企业及节能设备生产商则在市场的驱动下，自主开展先进节能技术研发和生产、能效资源收购、调整生产方式等行动，以降低产品生产成本、提高自身竞争力。而在用户侧，则是受价格信号引导，自发购买和使用节能产品、开展节能改造等。

（2）以技术、标准和认证作为美国政府规制节能的主要方式

美国是典型的自由主义市场经济国家，尽管民主党和共和党都认可节能的重要意义，但也都认为节能与否是企业和个人的自由选择，政府不应直接进行干预。在此思想指引下，美国节能管理制度体系明显区别于其他国家，能效标准/标识/认证、价格政策以及技术服务是美国节能低碳管理制度体系的主要内容，也是政府

干预节能的主要方式。

美国政府对能效技术研发方面的支持力度较大。如前文所述，能源部每年投入巨资用于支持能效技术研发，并以支持示范项目的方式力争进一步提高科技成果转化率，这些举措使得能效技术成为美国科技领域的新优势之一。

能效标准/标识/认证是美国政府对终端用能设备进行节能管理的主要手段。联邦政府、州政府相关部门都在汽车、建筑、家电等领域颁布了最低能效标准，能效标准不达标的产品将无法在市场上销售。例如，加州政府颁布了汽车燃油经济性标准，并明确了未来一段时期燃油效率的预期目标，从而对加州汽车生产和销售起到了指导作用。

开展先进能效企业、产品的认证和评比工作是美国政府间接鼓励企业提高能效的有效措施。由于同行之间的竞争非常激烈，且企业都比较注重其市场名誉，因此开展先进能效企业、产品的认证和评比工作可谓“花小钱，办大事”的典型案例。此外，认证和评比工作还与其他鼓励性政策相挂钩，例如，美国政府采购法明确要求，政府部门只能采购能源之星认证产品，这进一步增加了企业对于能效认证和评比工作的积极性。

（3）注重建立能充分调动企业积极性的市场化节能机制

美国能源界一直将能源效率视为一种满足能源需求的能源供应方式。“如果通过节能来满足能源需求，比新增能源供给满足能源需求更加便宜，那么就应该优先开发能效资源。”基于这种理念，节能可以在能源市场上以与煤炭、石油、天然气、电力等能源平等的身份，参与到优化能源供需体系任务当中。

得益于国内比较灵活的能源价格体制（尤其是电力价格）、发达的金融体系和完善的信息咨询服务机制，美国的节能市场机制比较健全，且充满活力。峰谷电价、季节性电价、可中断电价、调峰气价等更加动态的价格机制，使得节能和优化用能方式更加有利可图。例如，用电高峰时段减少不必要用电行为可节约大量资金；金融和技术服务等制度安排也可让企业和个人以较小的风险开展节能改造或改变用能行为。正是因为这些市场化节能机制的存在，每个终端用能者都有机会获得满足自身用能特点、技术可行、经济合理的节能解决方案，并将其付诸实践。

（四）对中国的启示

1. 根据发展阶段及能源消费结构特点，选择适合的节能管理体制和制度体系

节能不仅是企业和个人减少能源成本的微观问题，也是解决资源能源短缺、提升整体竞争力、拓展产业发展格局，甚至是涉及国家安全、社会公共利益以及国际政治经济外交的宏观问题。但由于信息不对称、二次投资惰性等原因，节能领域存在着部分“市场失灵”现象，所以多数国家政府都对本国节能进行了必要的规制。通过调研典型国家节能管理制度体系可以发现，并不存在节能管理的标准制度模式。首先，不同国家对于本国节能的干预程度不同，日本、英国等国对于节能的干预较强，相比之下日本的行政管理色彩更重，英国则更多采用价格和数量管控方式，美国等传统市场经济国家对于节能的干预程度较弱；其次，各国对于本国节能的干预方式不同，例如，日本政府对重点用能单位采取了一些行政干预手段，英国采取的是价格和数量管控的规制方

式，美国则主要通过标准和认证手段进行间接干预；最后，各国节能管理的重点不同，日本节能管理的重点是工业企业，而英国、美国的节能管理则更加集中在商业和民用领域。

我国正处于工业化、城镇化加速发展时期，工业是能源消费的主要部门，交通、建筑和民生领域的能耗也有快速发展趋势。因此节能管理制度既应抓住当前主要矛盾，也要根据未来变化趋势做出前瞻性部署。应继续坚持以工业部门、重点用能企业为重点，采取“抓大放小”的管理方式，建立科学合理、任务明确的节能目标责任约束，以提高工业企业节能意识，但同时也应考虑适度弱化对企业内部行为的直接干预。对于交通、建筑和民生领域，由于能源消费行为分散，难以进行统一管理，所以应从设备产品生产端和消费端入手。在生产端，应继续完善标准、标识、认证等工作，从源头上提高能效水平；在消费端，应尽快完善能源价格和税收体系，形成清晰的市场信号，便于推动各能源消费主体的分散决策向着节能低碳的方向前进。

2. 调整节能管理模式，构建“政府搭台、企业唱戏”的节能市场新机制

虽然各国政府采取了不同的节能管理模式，但从近几年的趋势看，政府在节能管理制度体系中的定位发生了一些变化，更多运用市场机制、营造市场氛围、维护市场秩序已成为大势所趋。首先，政府行政性强制管理手段以及直接干预的方式越来越少，取而代之的是搭建制度平台并采取市场化运行方式。比如，日本能源管理师制度，原先是由政府直接指派人员到企业从事能源管理工作，而现在则转变为企业自主从社会上聘用具有能源管理师

资格的人员到企业任职；再比如，欧盟建立了温室气体排放交易体系，被纳入该体系的企业都被分配了排放配额，但企业可以在碳交易市场上购买和出售配额，而非由政府来直接进行奖惩。其次，政府更加注重为企业和个人提供信息、技术、融资等方面的支持。例如，日本节能中心长期以来为重点用能企业提供免费能源审计服务，英国碳信托在认定和推广能效技术、建立能效最佳实践信息库等方面开展了大量工作。最后，政府规范和维护市场秩序方面的作用得到强化。例如，日本、英国、美国开展的设定最低能效标准和认证高效产品工作（“领跑者”制度、“能源之星”等）。

相比之下，我国节能管理制度体系的行政色彩比较强，政府仍主要采取分配节能指标、动用财政资金直接补贴节能等行政管理方式，而在标准体系建设、市场秩序监管和信息服务等方面的工作力度相对较弱，“重管制、轻服务”特征比较明显。在这样的节能管理模式之下，企业自主节能的积极性很难被充分调动，而且企业在实施节能改造或能效投资时仍然面临缺资金、缺技术的困难。此外，政府直接管理企业也通常会在人力、财力上捉襟见肘。未来，政府应创新节能管理模式，避免直接干预企业和个人的微观决策，要更多以间接干预的方式，给企业和个人留出利益权衡和自主决策的空间。与此同时，应加强法律法规、标准等制度建设，加强市场监管，规范市场秩序。此外，政府还应协助搭建企业之间的能效信息交流平台，宣传推广行业、领域内的节能最佳实践，树立样板工程，从而为其他企业实施节能项目提供借鉴。

3. 要加强政策设计的精细化程度及政策之间的联动性

发达国家对于节能政策、项目、措施的精细化设计值得我国学习。例如，英国自2001年开始征收气候变化税，但为降低税收对于企业的影响，英国政府遵循了税收中性原则，通过减少企业上缴劳动年金的方式进行补偿，同时还允许高耗能企业与政府签订气候变化协议，对能效提升显著的企业实行税收减免。值得一提的是，英国政府拥有庞大的企业能效信息数据库，该数据库拥有长达数十年的历史数据，可帮助政府制定更加科学合理的节能目标。再如，日本能源管理师制度不仅要求企业聘用能源管理师，而且对能源管理师的主要职责、日常工作内容都做出了比较清晰的规定，确保了能源管理师在企业中的能源管理地位，从而更好地保证了该制度的落实。反观我国，由于行政管理体制、基础能力等方面原因，许多政策精细化程度不足，设计水平还有待提高。未来在制定重大节能政策过程中，政策设计者应更多听取和采纳来自中央政府、地方政府、行业协会、重点用能单位等各方利益主体的意见，提高政策合理性和精细化程度。

除了政策精细化设计外，发达国家在强化政策之间的联动性方面也有很多成功经验，比较典型的模式之一是“大棒与胡萝卜”模式。例如，英国气候变化税与气候变化协议，前者相当于“大棒”，让企业承担额外税收，而后者则属于“胡萝卜”，对自愿签署气候变化协议并顺利完成能效提升目标的企业实行气候变化税减免。再如，英国政府颁发的能效技术目录与节能设备税收优惠政策相关联，只有企业购买纳入到目录中的节能设备，才可享受税收优惠。类似的案例不胜枚举。加强政策联动性一方面有助于提高企业对于政策的重视程度，另一方面还能形成政策合力。而我国目前的节能政策很多处于“单打独斗”状态，政策之间缺乏互动，甚至还有一些重叠，为政府监管带来不少困难。因此，未来在出台节能政策时，应加强部门之间的联动与合作，使各个部门形成合力，发挥“1+1>2”的效果。

4. 要让第三方机构在节能管理过程中扮演更重要角色

从日本、英国和美国的经验看，尽管采取的节能管理模式、建立的节能制度体系各不相同，但共同点是政府并不直接参与到各项制度、政策的具体运行过程当中，而是退居二线、扮演“裁判员”的角色，将运行、监管、评估等工作通过政府购买服务的方式委托给行业协会或第三方机构。这种运用市场经济的概念、原则来执行和监管公共政策的方式，不仅可以大大提升政府行政效率和资金使用效益，还可减少寻租设租的机会，保证公共资金安全。英国碳信托公司就是以独立机构的身份协助政府推进本国提高能效并减少二氧化碳排放的典型案例。从十几年的运行效果来看，碳信托不仅在促进技术研发、制定碳足迹标准、加速技术产业化和投资支持等方面发挥了主导作用，更建立了一套覆盖范围广、专业能力强的专家库，为以后拓展业务打下基础，也逐渐成长为完全独立的社会组织。

从我国的情况看，从独立第三方机构购买服务是转变政府职能、打造有限政府和有效政府的必然选择。政府应“有所为而有所不为”，专注于政策设计和总体管理，将政策执行权下放，以公开招标和定向委托的方式，向社会购买第三方机构服务，建立以第三方机构为依托的工作推进机制。此外，委托行业协会作为政府和企业沟通的桥梁，行使一部分政府管理职能，一方面协助政府相关部门制定行业政策及行业节能低碳目标，使其更具有合理性和适用性；另一方面帮助整合信息技术资源，促进企业挖掘节能低碳潜力。我国政府应在做好引导和监管工作的同时，赋予行业协会更大的发展空间和权力，提高其对行业和企业发展的指导和引导能力，使之更好地发挥促进经济社会可持续发展和绿色转型的作用。

展望篇

中国节能管理制度体系的发展趋势

六、中国节能管理制度体系改革面临的新形势与新任务

完善我国节能管理制度体系，既是新时期、新形势下深入开展节能工作的客观需求，也是习近平总书记提出的推动能源消费革命、推动能源体制革命的重要组成部分。

2013年以来，随着我国能源资源消耗越来越多、环境质量日益恶化、温室气体减排压力越来越大，以及生态文明建设、政府职能转变、全面深化改革等工作的要求不断提高，我国节能管理手段和方式也要相应做出重大调整。笔者研究认为，“十三五”期间，我国节能管理制度的发展主要有以下五个趋势。

（一）政府职能转变，减少事前审批已成为大势所趋

十八届三中全会以来，全面深化改革的进程正在持续推进。党中央提出要让市场在资源配置中发挥决定性作用，各级政府要加快转变政府职能，加大简政放权力度，尤其是减少事前的各种审批手续。十八届三中全会《中共中央关于全面深化改革若干重大问题的决定》指出，要“加快转变政府职能”，“进一步简政放权，深化行政审批制度改革，最大限度减少中央政府对微观事务的管理，市场机制能有效调节的经济活动，一律取消审批，对保留的

行政审批事项要规范管理、提高效率”。

2013 年，国务院先后发布了《国务院关于取消和下放一批行政审批项目等事项的决定》（国发〔2013〕19 号）、《国务院关于取消和下放一批行政审批项目的决定》（国发〔2013〕44 号）等文件，把简政放权、放管结合作为改革的重头戏。国务院各部门 2013 年取消和下放 246 项行政审批事项，取消评比达标表彰项目 29 项、职业资格许可和认定事项 149 项，再次修订投资项目核准目录，大幅缩减核准范围。2014 年，国务院发布了《国务院关于取消和下放一批行政审批项目的决定》（国发〔2014〕5 号），再次取消和下放 64 项行政审批项目和 18 个子项，其中，一大批政府部门的职业资格认定审批权被取消。按照本届政府的目标，原有的 1800 多项审批权至少要削减 1/3。

未来，我国开展节能管理的模式必须要与简政放权、减少行政审批的改革方向保持一致。在最大程度上减少对企业内部行为的直接干预，留给企业更多的选择权和决策自主权，用政府权力的“减法”，换取市场活力的“乘法”，让企业的节能动力更充足。

（二）支持节能的方式改变，直接补贴向税收优惠和金融支持转变

自 20 世纪 80 年代以来，政府财政补贴对推动节能工作发挥了重要作用。“十一五”期间，我国全社会节能减排总投资约 8466 亿元。① 其中，中央财政投入资金约 1497 亿元，政府强有力的资金投入对保障“十一五”节能目标基本完成发挥了重要作用。

---

① 戴彦德，熊华文，焦健. 中国能效投资进展报告 2010［M］. 北京：中国科学技术出版社，2011.

十八届三中全会《中共中央关于全面深化改革若干重大问题的决定》指出，要深化财税体制改革，“逐步取消竞争性领域专项和地方资金配套”，“对保留专项进行甄别，属地方事务的划入一般性转移支付”。节能专项资金作为专项资金之一，将面临重大调整甚至可能被取消。财政部主管节能工作的官员指出，“财政部将进一步调整财政资金使用，坚持财政资金公益性定位，资金有保有压，增加对公益性基础性地质工作投入，坚决退出竞争性领域”。过去几年中，节能专项资金支持了一大批钢铁、水泥、电解铝等企业实施节能技术改造，有人认为这些行业属于竞争性领域，政府财政对企业给予补贴，不利于市场公平竞争。2015 年，财政部印发了《节能技术改造财政奖励资金管理暂行办法》（财建〔2015〕161 号），全面停止了中央财政对工业企业节能改造、合同能源管理、夏热冬冷地区既有建筑节能改造等的补贴，这反映出政府高层在支持节能的思路上将与过去有明显不同。

2015 年，国务院发布的《国务院关于改革和完善中央对地方转移支付制度的意见》指出，要“研究用税收优惠政策替代部分竞争性领域专项”“探索实行基金管理等市场化运作模式”，这为进一步改革节能支持方式指出了新方向。未来政府财政资金对企业节能的直接支持可能会越来越少，更多地转为税收优惠、节能基金、绿色债券、加速折旧等方式。这些支持方式，在市场经济成熟的国家往往运用得更多，支持力度也要比财政补贴政策大很多。

（三）价格改革重新启动，“市场之手”将发挥更大作用

价格改革是我国从计划经济向市场经济转变的重要标志。改革开放前，我国实行高度集中的计划经济，价格主要由政府统一制定，

物资通过计划进行分配，造成资源配置扭曲、商品严重短缺、经济发展缓慢。改革开放后，在计划经济向市场经济转轨过程中，我国的价格体制经历了一个渐进放开的过程。1992 年起，我国加快了各种要素价格的市场化改革进程，从中央到地方放开了一大批商品和劳务的价格管制。到 1997 年为止，我国 85% 以上的生产资料价格、90% 以上的农产品价格、95% 以上的工业品价格均已由市场决定，初步形成了以市场价格为基础的资源配置方式。

但是，我国在能源领域的价格改革的进程比较滞后。特别是石油、天然气、电力、热力等能源品种的价格仍主要由政府控制，从资源勘探、资源开发、加工转换、管网输送、分配到最终消费的整个产业链中，政府都控制着定价权，计划经济的色彩仍比较明显。目前，我国能源价格扭曲现象问题突出，能源价格既不能反映市场供需平衡，也不能反映能源资源稀缺程度，又不能反映能源开发和利用对生态环境带来的破坏，不利于节能减排和生态文明建设的推进。

十八届三中全会《中共中央关于全面深化改革若干重大问题的决定》指出，要“加快生态文明制度建设”，“加快自然资源及其产品价格改革，全面反映市场供求、资源稀缺程度、生态环境损害成本和修复效益”，“完善主要由市场决定价格的机制。凡是能由市场形成价格的都交给市场，政府不进行不当干预。推进水、石油、天然气、电力、交通、电信等领域价格改革，放开竞争性环节价格”。习近平总书记 2014 年 6 月在中央财经领导小组第六次会议上指出，要“还原能源商品属性，构建有效竞争的市场结构和市场体系，形成主要由市场决定能源价格的机制”。

十八届三中全会以后，国家发展改革委从 2014 年开始先后放开了22项商品和服务价格。国家发展改革委还要求地方政府放开部分工农业生产资料价格，放开报关、专利代理、质量（环境）体系认证、房地产咨询等15项服务价格。这些价格改革对激发市场活力，促进经济稳定增长，鼓励民间投资进入社会领域具有积极意义。但是，与能源紧密相关的能源价格形成机制改革和能源税收改革仍在酝酿中，至今尚未出台。

笔者研究认为，未来能源价格形成机制改革和能源相关的税制改革（如能源税、环境税、碳税等）将按照十八届三中全会报告“生态文明制度建设”指出的方向加快推进，这无疑将为提高企业节能积极性提供新动力。

（四）能源消费的监管将更受重视，监管形式将更加多样化

简政放权并不意味着政府对市场行为不施加监督和管理。对于节能环保等经济外部性问题比较突出的领域，政府监管不但不能减弱，反而更要加强。但是，监管的方式要有所转变，要大幅减少对企业内部事务的直接干预。“十三五”时期，随着我国能源需求进一步增长和资源环境问题进一步突出，政府对能源消费的监管也将更受重视。

十八届三中全会《中共中央关于全面深化改革若干重大问题的决定》指出，“政府要加强发展战略、规划、政策、标准等制定和实施，加强市场活动监管”。习近平总书记在中央财经领导小组第六次会议上指出，要“坚决控制能源消费总量”，“抓紧修订一批能效标准，只要是落后的都要加快修订，定期更新并真正执行”。因此，未来节能管理制度改革将继续不断强化，能源消费总量、煤炭消费、能效标准是否达标等都将被纳入政府监督和管理的范畴，这也体现

了政府管理职能从“事前审批”向“事中和事后监管”转变的总体思路。

十八届三中全会《中共中央关于全面深化改革若干重大问题的决定》指出，“适合由社会组织提供的公共服务和解决的事项，交由社会组织承担。支持和发展志愿服务组织”。由于节能工作涉及面广、专业性强，节能监管若完全依赖政府管理体系，则需要大量的人力、物力、财力。今后，政府可以通过采购服务的形式，利用专业化的第三方服务机构对企业的用能情况、政策法规执行情况进行独立、公平的监督审核，这有利于提高节能监管的效率和专业化水平。在充分引入市场竞争的同时，同业监督也可以成为第三方监督的重要补充。此外，随着人们节能减排意识的提高，普通公民可以利用微信、微博、移动应用服务（APP）等新媒体工具对能源浪费现象进行揭露、批评、评论甚至抨击，使公众舆论监督成为实施节能监管的新渠道。因此，从监管方式上看，除了政府或政府委托下属事业单位（如节能监察机构）实施节能管理以外，第三方机构管理、同业监督、媒体监督和公众监督将发挥越来越大的作用。

（五）完善市场环境更迫切，节能诚信体系建设将更受重视

建立法制、公平、诚信的市场体系，既有利于促进我国市场经济发展，又有利于提升市场活跃程度、降低市场交易成本。节能管理制度的设计和执行过程中，除了要改善政府监管不到位的问题以外，还要建立各个市场参与者的守信激励和失信惩戒机制。目前，诚信制度是我国公共管理政策的薄弱环节，也是节能管理的难点和

薄弱环节所在。企业诚信制度缺失，在无形中加大了节能管理的成本，降低了节能管理政策的执行效果。

十八届三中全会《中共中央关于全面深化改革若干重大问题的决定》指出，要“建立健全社会征信体系，褒扬诚信，惩戒失信”，“健全优胜劣汰市场化退出机制”。国务院为此专门制定了《社会信用体系建设规划纲要（2014—2020年）》，对社会信用体系建设进行了全面部署。《社会信用体系建设规划纲要（2014—2020年）》特别指出，在“能源节约领域信用建设”方面，要“加强国家能源利用数据统计、分析与信息上报能力建设。加强重点用能单位节能目标责任考核，定期公布考核结果，研究建立重点用能单位信用评价机制。强化对能源审计、节能评估和审查机构及其从业人员的信用评级和监管。研究开展节能服务公司信用评价工作，并逐步向全社会定期发布信用评级结果”。在具体实施方面，《社会信用体系建设规划纲要（2014—2020年）》提出，要“建立行业信用信息数据库，对诚实守信者实行优先办理、简化程序等绿色通道支持激励政策，建立各行业黑名单制度和市场退出机制。通过行业协会制定行业自律规则并监督会员遵守。制定信用基准性评价指标体系和评价方法，完善失信信息记录和披露制度，使失信者在市场交易中受到制约。对违规的失信者，按照情节轻重，对机构会员和个人会员实行警告、行业内通报批评、公开谴责等惩戒措施。推动形成社会性约束和惩戒”等。这些新举措，为未来在市场经济环境下进一步推动节能工作提供了新的思路。节能诚信体系作为国家信用体系建设的重要组成部分，随着国家信用体系建设的逐渐深入而持续推进。

七、中国节能管理制度体系的发展方向

在前面几章研究的基础上，笔者对我国管理制度体系的建设进行了梳理和总结，并对未来节能管理体系的重点发展方向和工作进行了论述。

（一）中国节能管理体系的发展方向

总体而言，我国节能管理体系的发展必须要适应经济发展转型升级、政府职能转变、市场化改革全面深入推进的新要求，在进一步做细、做实目前行之有效的行政管理政策的同时，在市场需求的基础上发展并完善基于市场的节能管理制度。

1. 中国节能管理制度体系的总体构架

笔者讨论认为，经过多年的发展，中国的节能政策内容越来越丰富，既包含了计划经济色彩比较浓厚的政策手段，也在吸收市场经济国家经验基础上引入了不少市场化的节能政策。当前中国的节能管理制度已经成为世界上最庞大、最繁杂的节能管理制度体系之一。随着经济发展阶段的升级以及历次政府机构改革的调整，节能管理制度体系也在动态演进，有些旧的政策已经退出，有些旧的政策还在做重大调整，还有些旧的政策通过引入新的补充性政策而继

续发挥作用，并深刻理解中国的节能管理制度体系。

正确认识中国的节能管理制度体系，与人类对宇宙的认识过程存在一定相似之处。古代，人们对宇宙的认识颇为浅薄，将星空划分为若干个星座，每个星座由很多星星组成，星座的名称一直不变，不同的星座之间也没有任何关联。随着人类认知水平的提高，人们对宇宙的认识越来越深刻，解读宇宙构成的方法越来越科学。现代理论认为：宇宙是由星系所构成；每个星系由若干个恒星星系组成，每个恒星被若干个行星所环绕；每个行星又会被若干个卫星所环绕。星系、恒星、行星、卫星等多个层级，共同组成了星空。宇宙中不断有星球消亡，也不断有“超新星”诞生，是一个动态变化的过程。

全面认识中国的节能管理制度体系，也可以采用现代人对宇宙和天体的描述思路和方法：中国的节能管理制度也是由几个“恒星”级别的重要对象所构成，围绕这些“恒星”级别的对象，有不同数量的“行星”级别的节能管理制度提供政策支撑。同时，每个“行星”级别的节能管理制度又可能被若干个“卫星”级别的节能管理制度所“环绕”。因此，中国的节能管理制度体系是一个大制度里面包括若干“中制度”，“中制度”里面包括若干个“小制度”，甚至“小制度”里面又包含若干个“微制度”的管理制度体系。如果大的节能管理制度发生变化，必然要带动“中制度”“小制度”和“微制度”发生相应变化。因此，梳理清楚各种节能管理制度所在的层级，对于理解我国节能管理制度体系而言至关重要。

笔者通过梳理总结国内经验和国际节能管理制度发展，认为国内外节能管理的制度体系主要的规制对象有三大类，它们是：“政府系统”“终端用能设备/产品”和“重点用能企业”。这三大类对象可以被视为“恒星”级别的对象。

围绕这三大类节能管理对象，笔者在“行星”层次上梳理出更详细的节能管理制度体系，并结合我国既有的管理体系，得出未来我国的节能管理体系（如图7－1所示）。其中，与“政府系统”相关的有三类“行星”层次的节能管理制度，与终端用能设备/产品相关的有四类“行星”层次的节能管理制度，与重点用能企业相关的有五类“行星”层次的节能管理制度。每个“行星”层次的节能管理制度中，又可以分出“卫星”层次的节能管理制度。

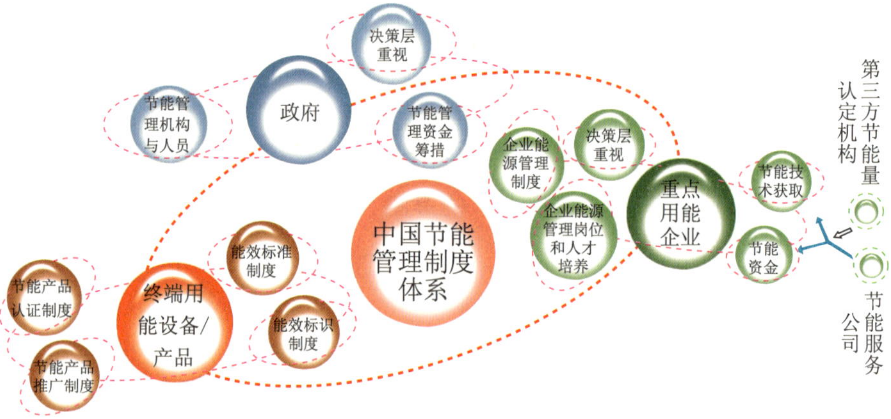

图7－1　中国节能管理制度体系的宏观构架及层级划分总图

2. 以“政府系统”为对象的节能管理制度体系

自2006年中央政府建立“节能目标责任评价考核制度”，对地方政府节能目标完成情况实施考核以来，下级政府（或政府所属部门）的节能管理制度已逐步建立起来。

从长期发展看，以“政府系统”为规制对象的节能管理制度体系既是我国特色节能管理制度发展的产物，也与发达国家近年来推行的“政府绩效管理”有很多相通之处，是值得肯定和推广的一个重要方向。

从内部结构看，以“政府系统”为规制对象的节能管理制度体系主要围绕三个关键要素制定政策。这三个关键要素是：①提升政府决策层的重视程度；②设置节能管理机构并提高人员专业素质；③节能管理资金的筹措（如图 7－2 所示）。

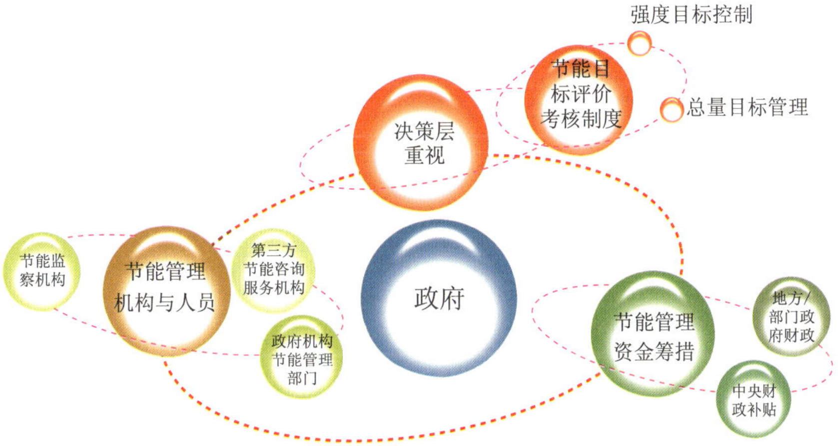

图 7－2　以“政府系统”为规制对象的节能管理制度体系

（1）提高政府决策层重视程度

提高领导重视是有效推进下级政府（或政府有关部门）节能管理的重要内容。从既有实践看，节能目标责任评价考核制度是提高政府决策层重视程度的最有效措施。具体实施节能目标责任评价考核制度的时候，既包括目前已经开展的单位 GDP 能耗强度考核（节能强度目标考核），也包括未来即将开展的能源消费控制总量目标管理。未来即将实施的能源消费控制总量目标管理，将是“十三五”时期节能管理制度发展的重点内容之一。以“政府系统”为规制对象的节能管理制度体系如图 7－2 所示。

（2）设置节能管理机构并提高人员专业素质

设置合理的节能管理机构并提高管理人员的专业素质，是督促下级政府（或政府内部的专业管理部门）推进节能管理的重要内容。对下级政府来说，除了政府机构节能管理部门的内部人员以外（划在大圆圈内，意味着政府内部可以为此提供解决方案），地方政府的节能监察机构，以及社会化的第三方节能管理服务机构都可以提供相关的支持。

（3）节能管理资金的筹措

拥有节能管理资金，是政府实施节能管理的基本要素之一。节能管理资金的筹措既可以在各级政府系统分别解决（如通过各级地方政府或相关部门的财政预算），也可以通过中央政府统一发放的财政专项资金加以解决。

3. 以“重点用能设备/产品”为对象的节能管理制度体系

对终端用能设备/产品的节能性能实施监管，是市场经济国家开展节能管理的最重要内容。改革开放以来，我国注重吸收发达国家的节能管理经验，对重点用能设备/产品的能效实施规范化管理。未来，终端用能设备/产品管理仍然是我国节能管理制度建设的重点，需要长期坚持并不断完善。

未来我国以“终端用能设备/产品”为规制对象的节能管理制度体系主要围绕四个关键要素制定政策：①能效标准制度；②能效标识制度；③节能产品认证制度；④节能产品推广制度（如图7-3所示）。

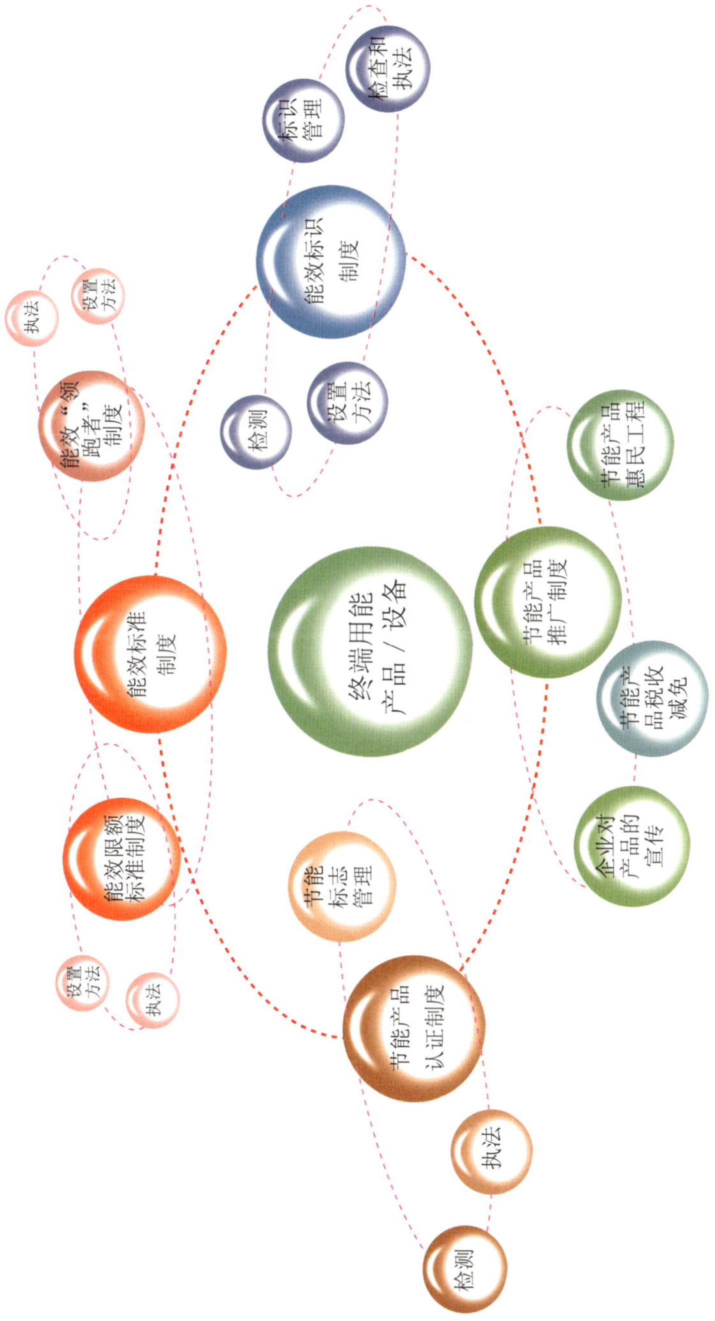

图7－3 以重点用能设备/产品为规制对象的节能管理制度体系

(1) 能效标准制度

建立重点用能设备/产品能效标准，是评判某一类产品能效性能的最基本制度。目前，国际上有最低能效限额标准制度和能效“领跑者”制度两类制度。这两类制度在节能标准的设置方法和执法政策方面都存在一定的差异。参考国外的能效“领跑者”制度，建立终端用能产品能效持续提高的制度，是我国“十三五”时期完善节能管理制度的重要内容之一。

(2) 能效标识制度

能效标识是在能效标准制度基础上，在终端用能产品上加贴节能标识以展示其能效性能，供广大消费者和设备采购商了解能效水平的一种制度。一般能效标识分为若干级别，同时指出该款产品属于哪个级别。能效标识制度有助于破解信息不对称造成的节能障碍，通过产品节能性能数据信息的公开化、透明化，引导消费者更多采购节能设备。在具体实施时，需要针对能效标识的设置方法、节能标识的管理机构和管理方法、节能标识的检查和执法、节能性能的检测等具体问题建立进一步的管理制度。

(3) 节能产品认证制度

节能产品认证制度与节能标识制度类似，也是在终端用能产品上加贴节能标志，供广大消费者和设备采购商了解该款产品是否已经属于“节能产品”的一种制度。节能标志与节能标识不同，它不分等级。

(4) 节能产品推广制度

帮助节能产品进行宣传推广，是世界各国推动节能的重要做法之一。除了产品制造商在广告中主动宣传其节能性能以外，政府可以建立节能产品税收减免制度，或节能补贴制度（如我国“十一五”时期开始实施的惠民工程），帮助企业宣传推广节能产品。

4. 以“重点用能企业”为对象的节能管理制度体系

对重点用能企业实施监管，是日本推进节能管理的经验之一，也是我国实施节能管理的重要内容。在计划经济时代，我国针对重点用能企业的节能管理制度繁多，有相当一批节能管理政策对企业的内部事务干预较多。未来，重点用能企业的节能管理仍然是我国节能管理制度建设的重要内容，需要长期坚持下去，但是，对企业的管理方式需要结合十八届三中全会全面深化改革的精神逐步调整，减少对企业的直接干预，给予企业更多的政策选择空间。

未来我国以“重点用能企业”为规制对象的节能管理制度体系主要围绕五个关键要素制定政策。这五个关键要素是：①提高企业决策层重视程度；②完善企业能源管理制度；③企业能源管理岗位和人才培养；④节能技术获取；⑤节能资金筹措（如图7－4所示）。

(1) 提高企业决策层重视程度

领导重视是有效推进企业节能管理的重要条件。从既有实践看，针对企业的节能目标责任评价考核制度是提高企业决策层重视程度的最主要方法。未来，能源价格税收体系将在资源税、碳税、能源价格形成机制等方面实施重大改革，总体改革趋势是推动企业高层进一步提高对节能工作的重视程度。同时，企业二氧化碳排放总量控制和碳交易制度的建立，也将使企业高层更加重视节能工作。

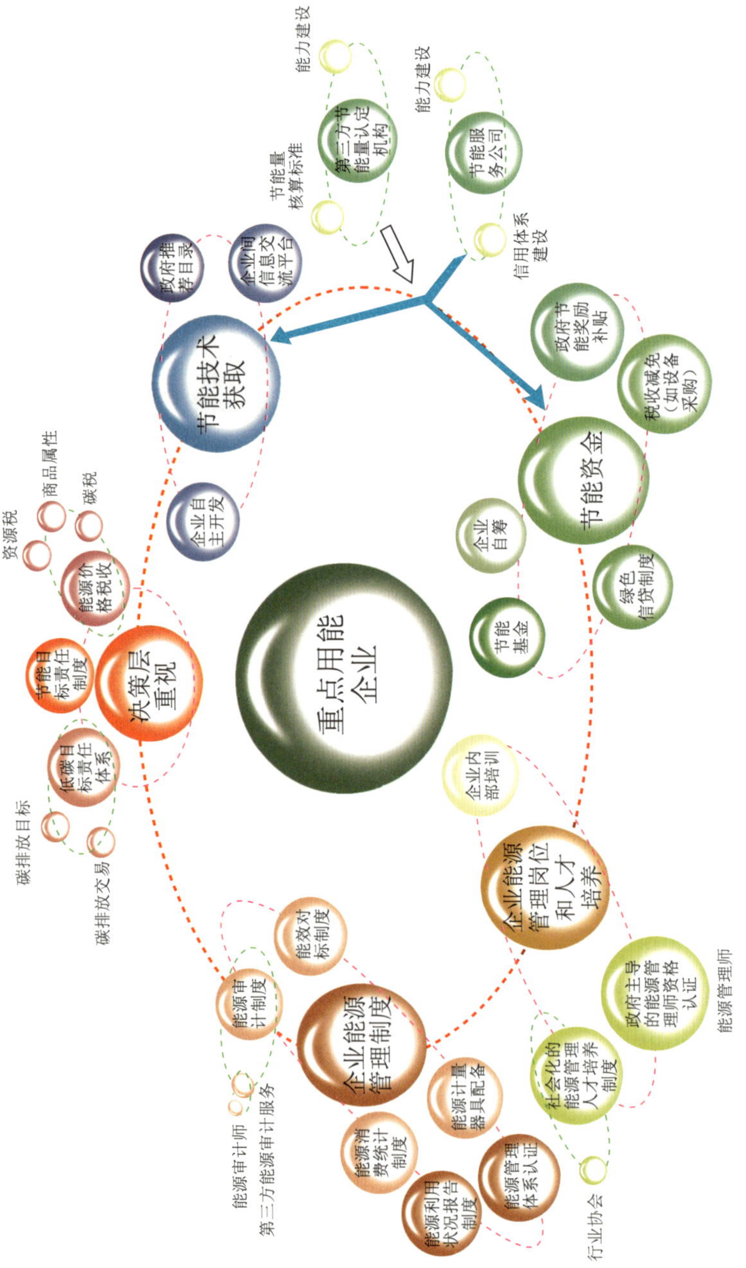

图7－4 以重点用能企业为规制对象的节能管理制度体系

（2）完善企业能源管理制度

企业能源管理制度是企业开展节能管理的重要内容。我国目前有很多制度与企业能源管理有关，包括企业能源消费统计制度、重点用能企业能源利用状况报告制度、能源管理体系认证制度、能源计量器具配备制度、能源审计制度、能效对标制度等。其中，一些制度是政府对企业传递的外部压力（红色虚线大圈外部的几项制度），还有一些制度是企业自愿实施的节能制度（红色虚线大圈内部的能效对标制度）。

（3）企业能源管理岗位和人才培养

企业能源管理岗位设置和专业化的企业能源管理人才培养是实施企业节能管理的重要内容。在完善专业人才的相关制度方面，既可以利用企业自身的培训渠道普及节能知识、提高管理人员节能技术水平（如红色虚线大圈内所示），也可以借助日本“能源管理师制度”的经验，实施政府主导的能源管理师资格认证制度，或者借鉴美国借助第三方机构培训能源管理专业技术人才的经验，建立社会化的能源管理人才培养制度。无论如何，企业能源管理人才队伍建设的相关制度，是“十三五”时期我国节能管理制度发展的重要内容。

（4）节能技术获取

利用先进节能技术，对既有生产能力实施节能技术改造，是企业提高用能效率的最主要举措。从企业实际情况看，如何获得最合适的节能技术，是多数企业进一步提高能效的重要障碍之一。目前，我国多个部门结合自身特点，制定了《重点节能技术推广目录》，推广节能先进技术。除此以外，借鉴发达国家的有效经验（如德国的“能效网络计划”），由政府或第三方机构出面搭建企业间节能技术信息交流平台，可能是未来企业获得节能技术的有效渠道之一。另外，节能技术服务公司能够为企业提供节能技术服务，这也是企业获得节能技术的重要渠道之一。

（5）节能资金筹措

实施节能技术改造，必须要有足够的资金予以支持。除了企业自筹节能改造资金以外，政府补贴（或奖励）、节能设备采购或改造项目的税收减免、绿色信贷制度等都能够为企业筹措节能资金提供支持。从长远看，政府对企业的支持方式可能将从过去的以财政补贴为主转为间接支持。在这个过程中，通过建立“节能基金”帮助企业解决融资难问题，可能是“十三五”时期我国节能管理发展的一项新制度。

（二）未来有待强化的节能管理新制度

笔者研究认为，目前我国节能管理制度体系的总体建设思路比较清晰，但在少数关键环节，还需要进一步探索，通过强化制度创新进一步完善节能管理体系。笔者建议在以下几个方面强化创新性节能制度的研究：

1. 能源消费总量控制制度

在五年规划中提出能源消费总量控制目标，并将其纳入国民经济和社会发展五年规划。国家综合考虑各省（自治区、直辖市）的经济发展水平、大气污染物排放总量控制目标要求、本地区节能潜力、化石能源基地发展规划等因素，将全国能源消费总量分解到各省（自治区、直辖市）。结合既有的固定资产投资节能评估与审查平台，研究建立能源消费预算制度和能源消费权交易制度，尽量使各地区能源消费总量控制目标与企业能源消费权的配置相结合，提高能源消费总量控制政策的可操作性。

2. 能效“领跑者”制度

借鉴日本的先进经验，研究激励终端用能设备制造商持续投入节能先进技术研发，不断开发更高能效先进产品的新机制。要完善终端用能产品能效标准更新机制，在发布产品标准的同时，要明确规定下一步提升最低能效水平门槛的具体时间日期，倒逼全体设备制造商提升能效。安排第三方机构，每年对实施“领跑者”制度的终端用能设备能效进展情况进行全面、客观的市场抽查和调查，跟踪能效提升进展，并公开发布调查结果。要建立独立、客观、公正的终端用能设备能效测试平台，完善测试方法，用于支持能效水平的检测。每年由中央电视台在黄金时间段，为全国能效领先产品提供免费的公益广告时间，通过为能效“领跑者”搭建免费宣传的优秀平台，使能效“领跑者”能够获得更多实实在在的经济效益。

3. 节能服务企业信用制度

探索建立节能服务公司、节能量第三方检测机构、重点用能单位的监管服务平台，加强信息公开和信用体系建设，对违法违规和不讲诚信的企业行为予以公开。节能服务企业信用制度的结果，将被纳入国家级企业信用体系，形成激励守信、惩戒失信的市场规则，进一步规范市场秩序。

4. 第三方能效评估制度

基于第三方的能效评估是实施合同能源管理、用能权交易等市场化节能机制的关键环节，也是开展能效贷款、绿色债券等节能项目市场化融资的重要基础，市场需求很大。建议推动建立基于第三方的节能量评估、用能权评估、能源绩效评价、节能政策评估、节能技术评估和验证等一系列第三方能效评估制度，推动将节能量/用能权更好地转化为“商品”，体现节能的经济价值、环境价值和社会价值。建议制定第三方能效评估机构能力要求，建设第三方能效评估机构诚信平台，建立并完善准入和退出机制，加强对第三方能效评估机构的监督和管理。

5. 节能基金支持制度

研究开发适用于节能领域的节能基金支持制度，具体可以分为节能改造项目融资担保基金、节能服务企业创投基金等专项基金，为节能项目或者企业贷款提供利息补贴，需要向商业银行贷款的可由节能基金提供担保。可采取政府提供种子基金、吸引社会资金参与的方式获取资金，借助专业化的市场运营团队对基金运营实施管理，为节能融资提供融资支撑，缓解企业节能融资难题。

八、关于完善中国节能制度的建议

长期以来，我国节能管理制度对行政手段的依赖性比较大，市场手段发挥的作用相对比较少。随着全面深化经济改革相关配套实施方案的不断出台，未来政府实现国家治理现代化的总体方向将发生战略性调整。

在前面研究的基础上，笔者提出下一阶段推动节能管理制度创新的有关政策建议，具体如下：

（一）加快能源价格和税收改革步伐，使市场力量发挥更大作用

让市场信号在全社会资源配置中发挥决定性作用，不仅是全面深化改革的总体目标，也是未来我国节能管理制度改革的总体方向。深化能源价格和税收改革，建立有利于节能的能源资源价格信号体系，是实现管理手段从计划管理向市场推动转变的重要前提。

建议政府有关部门深入研究，按照生态文明建设的要求加快能源价格形成机制和能源相关税收改革，使石油、天然气、电力、热力等能源品种能够充分反映市场供需、能源资源的稀缺性和能源生产消费相关的环境外部成本，同时也使不同能源品种比价关系保持

在比较合理的范围内。通过调节市场信号，实现我国节能管理制度体系从主要依靠行政力量外部推动，向主要依靠市场力量自发驱动转变。

（二）根据不同节能管理对象，推进节能的精细化管理

笔者研究认为，政府（下级政府及政府专业管理部门）、终端用能产品和重点用能单位是我国下一阶段完善节能管理制度体系的三大主要对象。围绕这三大主要对象，笔者提出了若干需要强化的节能管理制度，也提出了一些需要新增加的节能管理制度。

我国节能工作虽然起步晚于发达国家，但是节能管理制度体系是国际上最庞大、最复杂的，国际上很多先进的节能经验、节能管理制度已经在我国得到了初步采纳。但是，与国外相比，我国的节能管理除了对政府行政管理体系依赖比较严重以外，管理方法也相对比较粗放，精细化水平仍然不高。

建议下一阶段针对政府、终端用能产品和重点用能单位这三大主要对象，进一步提高精细化管理水平，在节能目标制定、节能管理政策设计、节能政策效果评估等方面采取更加科学的方法。精细化的节能管理制度的设计，要顺应市场客观规律，要以客观、真实、有效、可操作为准则，不要盲目追求政策目标的“宏大”，盲目追求各地区、各行业的“整齐划一”，不要强求企业在基本计量设备没有按时到位、基本情况没有摸清的条件下盲目地做出节能目标承诺。在设计精细化节能制度时，要充分借鉴发达国家在设计企业碳减排制度体系时的精细化设计方法，留出足够的时间，投入足够的人力物力和财力，摸清基础数据，建立完善的政府/企业/产品节能数据库，定期开展客观、中立、科学的第三方评估，使节能政策能够取

得实实在在的效果。

（三）加强政策之间的联动，发挥“1 +1 >2”的作用

笔者建议在政策的研究和制定过程中，要注重发挥节能管理制度之间的联动作用，推动节能管理制度全面升级，建议如下：

第一，“领跑者”制度要与能效标识制度挂钩，在能效标识中标明能效领跑的“达成率”，以进一步说明该款产品与能效“领跑者”之间的差距。

第二，碳税减免政策与能源管理体系认证政策挂钩，企业获得能源管理体系认证后，能够获得一定额度的碳税减免优惠。

第三，《国家重点节能技术和设备推荐目录》与节能设备购买税收优惠政策挂钩，一方面提高企业和消费者对于该目录内容的重视程度，另一方面还可使其切实享受到税收优惠政策支持。

第四，企业增值税减免与节能低碳目标完成情况挂钩，完成政府规定的节能低碳目标的企业，可以按绩效获取一定额度的增值税减免等。

第五，“领跑者”制度、节能产品认证制度与节能宣传挂钩，可考虑利用电视、广播等传统媒体渠道，以广告的形式宣传能效“领跑者”产品和相关制造商。通过加强政策之间的联动，节能政策可以发挥出“1 +1 >2”的作用，全社会节能的意识可以得到进一步提升。

（四）鼓励在适合领域、适合地区开展制度创新试点

笔者虽然提出了一些未来需要加强的重点节能管理制度，但都只是从我国节能管理制度体系发展方向和国际节能管理制度体系的

普遍规律出发，提出的一些初步设想。这些设想能否与我国的具体国情有效结合，还需要进一步检验。

建议政府有关部门在本研究的基础上，选择1～2个重点制度在适合领域、适合地区率先开展制度创新试点。试点成功，则可以在全国推广。试点不成功，也可以反思教训、总结经验，为今后进一步完善我国节能管理制度提供有益参考。

（五）加强节能政策的评估和监管

建议完善节能政策评估机制。将节能政策评估分为过程评估和效果评估，对节能政策的执行情况和实施效果进行客观、公正的评估。完善第三方节能政策评估的法律基础，鼓励通过政府购买服务开展第三方节能政策评估。借鉴国际经验，制定节能政策评估相关标准规范，加强评估人员能力建设和技术交流。健全节能政策监管机制，完善企业随机抽查办法和风险分级监管办法，加大强制性节能标准的市场监督力度，建立节能监管信息公开和共享平台。

附录 《重点用能企业能源管理调查问卷》及结果分析

为了做好“中国能源管理制度体制研究”课题，充分了解重点用能企业对节能管理制度的想法，笔者设计了《重点用能企业能源管理调查问卷》。具体内容及分析如下：

一、重点用能企业基本信息

二、企业节能管理情况

（一）关于政府制定的企业节能任务目标及工作要求

（二）关于企业节能管理的制度、人员安排及能力

（三）关于企业实施节能技改项目的障碍

（四）综合

本次调查原计划在万家企业名单中挑选约300家重点用能企业，力争回收调查问卷200份以上，调查的区域包括北京市、山东省、广东省、内蒙古自治区等。但是，由于时间紧、任务急和地方节能中心人手不足等种种原因，只在山东省发放了问卷。此次调查中，在山东省共发放问卷100份，收回问卷59份。

本附录将调查问卷设计的问题与结果分析放在一起，以便读者参考。调查问卷的分析结果在一定程度上体现了山东省政府和企业节能工作的特点。

从全国层面看，山东省是节能任务最重的省份之一，其节能工作位于全国前列。在山东省委省政府的高度重视下，山东省重点用能企业把节能作为一项重要的工作加以推进，在节能技术改造、节能新技术推广等方面取得了比较明显的效果。本次调查问卷的结果，既较好地反映了山东省政府推进节能工作的实际效果，也为山东省和全国进一步完善节能管理制度设计，创新节能管理方式提供了重要基础。

本次调查问卷具体内容及调查结果如下：

一、重点用能企业基本信息

1. 请问贵企业所属地区是（　　）。

省（自治区、直辖市）

结果分析

此次提交调查问卷的企业全部来自山东省。

2. 请问贵企业的类型是（　　）。（单选）

（1）钢铁

（2）有色金属

（3）建材

（4）化工

（5）石化

（6）电力

（7）煤炭

（8）造纸

（9）纺织

（10）其他

结果分析

在本次调查的59家重点用能企业中，包括了钢铁、有色金属、建材、化工、石化、电力、造纸、纺织、其他9种类型的企业，其中化工、电力、建材企业占了50%。

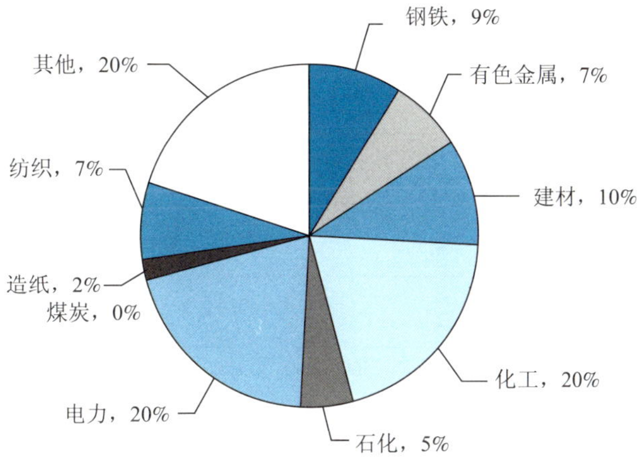

附图1 企业的类型

3. 请问贵企业人员规模是（　　）。（单选）

（1）100人及以下

（2）100～500人

（3）500～1000人

（4）1000～5000人

（5）5000人及以上

结果分析

企业人员规模达到500～1000人和1000～5000人的数量为35家，占调查总数的59%。

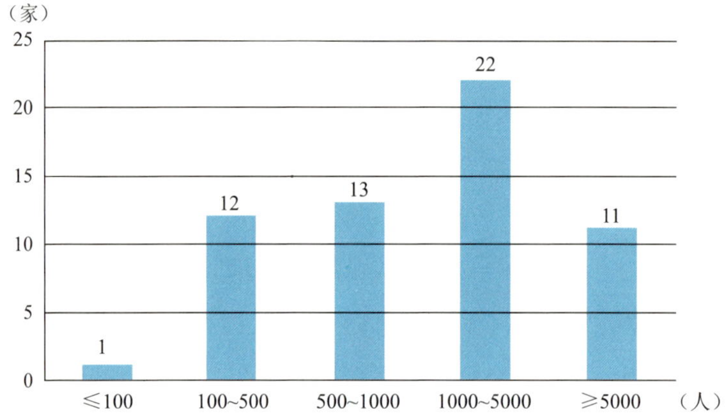

附图2　企业人员数量分布

4. 贵企业年综合能耗是（　　）。（单选）

（1）5000吨标准煤及以下

（2）5000～10000吨标准煤

（3）1万～5万吨标准煤

（4）5万～10万吨标准煤

（5）10万～20万吨标准煤

（6）20万吨标准煤及以上

结果分析

企业年综合能耗为1万～5万吨标准煤以及20万吨标准煤及以上的企业为41家，占总量的70%。

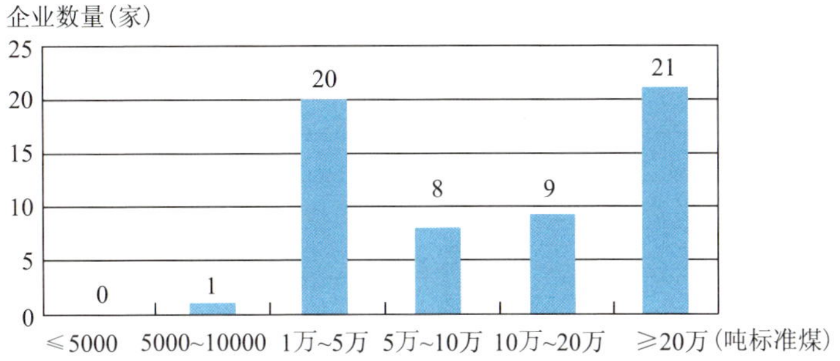

附图3　企业年综合能耗分布

5. 贵企业2014年总产值规模为（　　）。(单选)

(1) 500万元及以下

(2) 500万~1000万元

(3) 1000万~5000万元

(4) 5000万~1亿元

(5) 1亿~10亿元

(6) 10亿~50亿元

(7) 50亿~100亿元

(8) 100亿~500亿元

(9) 500亿~1000亿元

(10) 1000亿元及以上

结果分析

2014年总产值规模为10亿~50亿元的企业为25家，占总量的42%。

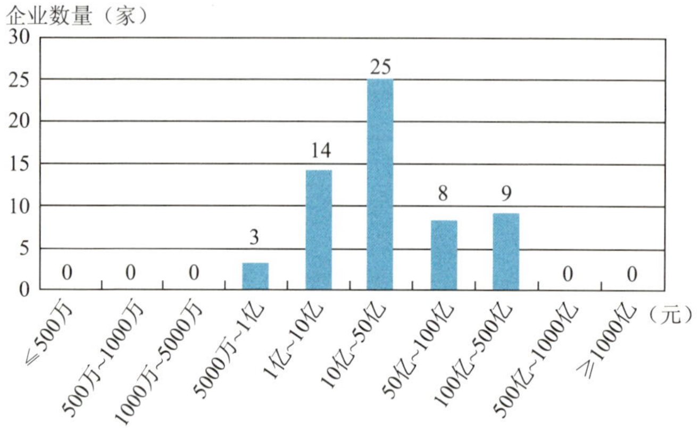

附图 4　2014 年企业总产值分布

二、企业节能管理情况

（一）关于政府制定的企业节能任务目标及工作要求

1. 您如何看待政府向企业下达节能目标任务（　　）。（单选）

（1）有必要

（2）没必要

（3）无所谓

结果分析

被调查的 59 家企业对政府下达的节能目标和工作的接受度比较高，90% 以上的企业认为有必要、合理。在调查政府要求企业参与节能量交易以及排放量交易的情况时，80% 的被调查企业也表示出能够理解并愿意接受。

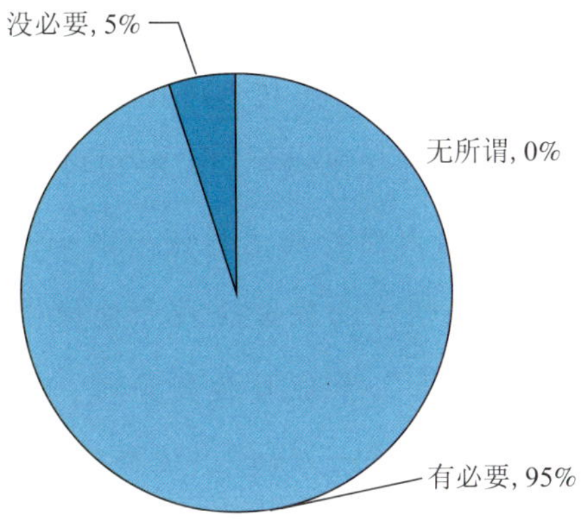

附图5　如何看待政府向企业下达的节能目标任务

2. 您认为政府对贵企业下达的“十二五”节能目标任务是否合理（　　）。（单选）

（1）合理

（2）比较合理

（3）不太合理

（4）非常不合理

（5）不清楚

如果选择（3）或（4），请说明理由：________

结果分析

有17%的企业对政府下达的“十二五”节能减排目标任务表示不太合理，它们各自给出了不同的理由：①建议用产值能耗或增加值能耗制定节能目标；②企业情况不同，按比例下指标不合理；③应根据不同情况区别对待，重点针对节能空间大的企业；④因经济形式不一样，产量、产值高低严重影响计算结果；⑤节能目标依据不清楚，节能目标任务过重；⑥国际金价波动较大，造成黄金矿山产值变动较大，在节能降耗及产量提高的情况下，产值不断下降，直接影响节能量及万元产值能耗指标的完成；⑦某公司全钢子午线轮胎、半钢子午线轮胎单位产品能耗水平比2013年10月1日开始实施的《轮胎单位产品能源消耗限额》（GB 29449—2012）中的先进值分别低2%和3%，在国内同行业达到领先水平，2013年、2014年连续2年被我国石油和化学工业联合会授予能效“领跑者”标杆企业，而政府在下达“十二五”节能目标任务时，按照统一降低16%（相比2010年）的标准，搞“一刀切”，这样既不利于指标先进的企业降低单耗水平，更不利于单耗指标差的企业对标、达标，希望政府在下达“十三五”节能目标时，考虑企业的实际情况；⑧如果没有大的技改项目或产品结构调整，企业很难连续做到每年能耗降低5%；⑨前期完成难度较小，随着节能工作的深入，后期完成难度较大。

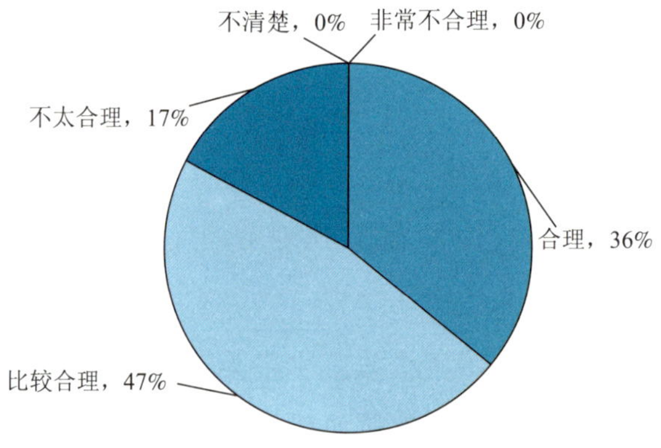

附图6　政府对企业下达的“十二五”节能目标任务是否合理

3. 贵企业向政府每年提交的《能源利用状况报告》是否有助于企业自身开展节能工作（　　）。（单选）

（1）有效果

（2）没效果

如果选择（2），理由是________

结果分析

有5%的企业认为企业向政府每年提交的《能源利用状况报告》对帮助企业自身开展节能工作没有产生什么效果，只是数据资料的整理。

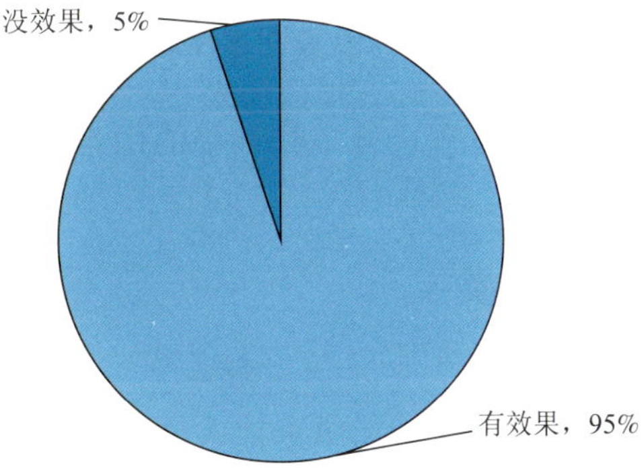

附图7　企业向政府每年提交的《能源利用状况报告》是否有利于企业自身开展节能工作

4. 您对政府要求企业开展能源审计的看法是（　　）。（单选）

（1）有必要

（2）没必要

（3）无所谓

结果分析

88%的企业认为政府要求企业开展能源审计是有必要的；9%的企业认为政府要求企业开展能源审计没必要；3%的企业认为无所谓。

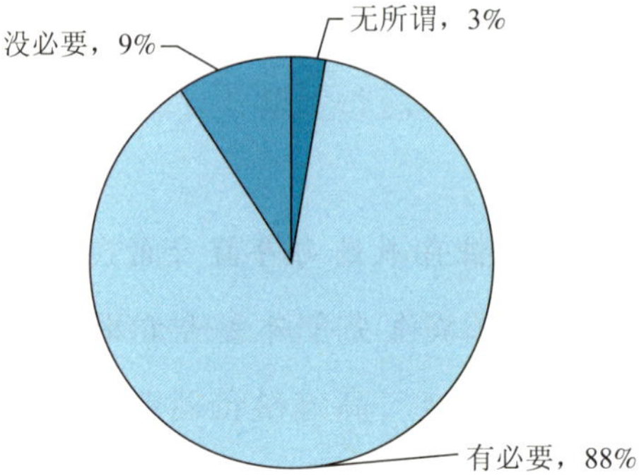

附图 8　对政府要求企业开展能源审计的看法

5. 您认为企业定期开展能源审计面临的困难是（　　）。（可多选）

（1）本企业缺乏资金

（2）本企业缺乏专业人员

（3）社会上缺乏有资质的能源审计人员

（4）社会上缺乏专业服务机构提供能源审计服务

（5）其他（请说明）：________

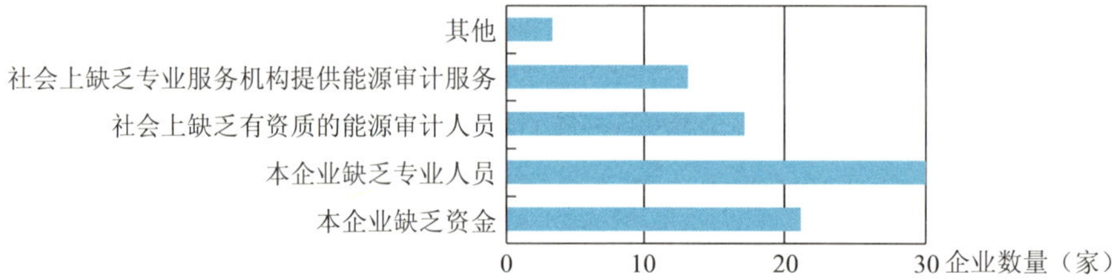

附图 9　企业定期开展能源审计面临的困难

结果分析

在调查企业定期开展能源审计面临的困难时，企业认为：①能源审计机构形式主义严重，没有实际效果；②需进一步提高审计人员水平，加强对企业的指导；③日常工作繁忙，审计质量不够高；④应组织企业人员开展专业培训；⑤专业审计人员应尽可能介入审计过程；⑥其他原因导致能源审计工作不好开展。

6. 您对政府倡导的企业能效对标活动是否满意（　　）。（单选）

（1）很满意

（2）比较满意

（3）不太满意

（4）很不满意

（5）无所谓

如果选（3）或（4），理由是：________

结果分析

96%的企业对政府倡导的能效对标活动表示满意。

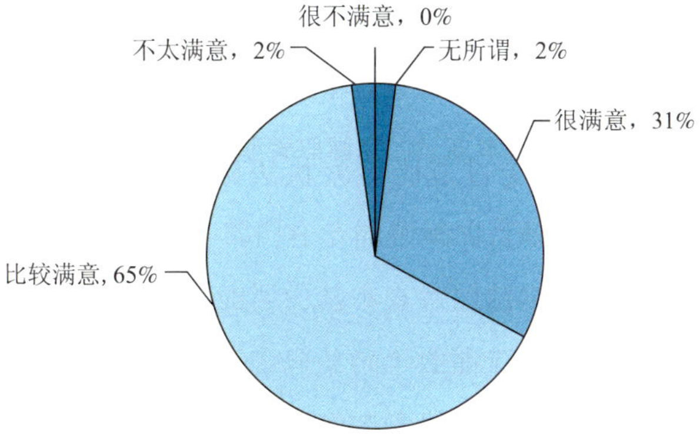

附图10　对政府倡导的企业能效对标活动是否满意

7. 贵企业是否通过能效对标活动提高了企业的能效水平（　　）。（单选）

（1）明显提高

（2）有效果，但改善有限

（3）没有提高

（4）不清楚

结果分析

实施了能效对标的企业，几乎都通过这项活动或多或少地提高了企业的能效水平。其中，接近一半的企业认为能源效率有明显提高。

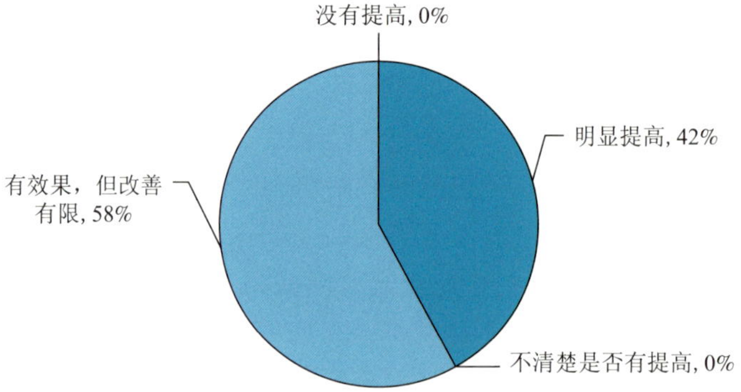

附图 11　企业是否通过能效对标活动提高了企业的能效水平

8. 贵企业是否接受过节能监察执法队伍的现场检查（　　）。（单选）

（1）定期接受

（2）偶尔接受

（3）从未接受

结果分析

在山东省，几乎全部被调查企业都接受过节能监察执法队伍的现场检查，其中 85% 的企业接受检查的频率相对较高。

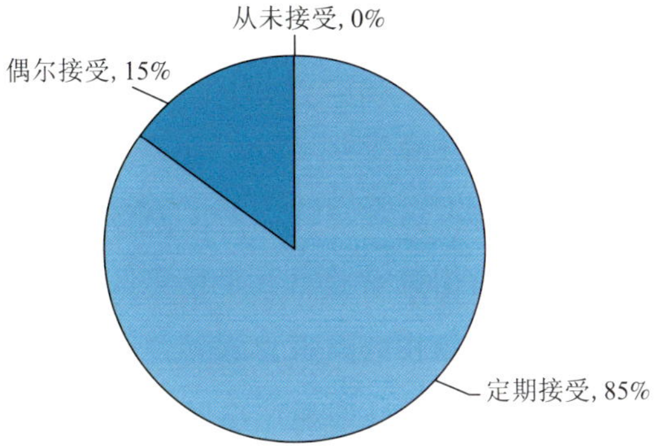

附图 12　企业是否接受过节能监察执法队伍的现场检查

9. 贵企业是否接受过能源计量器具配备情况的检查（　　）。（单选）

（1）定期接受检查

（2）偶尔接受检查

（3）从未接受检查

结果分析

大约有 88% 的企业定期接受能源计量器具的检查。

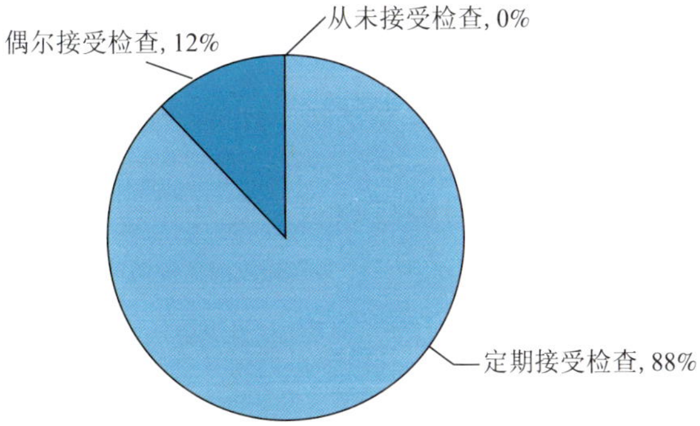

附图 13　企业是否接受过能源计量器具配备情况的检查

10. 对政府要求企业参与节能量交易（或用能权交易）是否理

解、接受（　　）。（单选）

（1）理解，乐于接受

（2）理解，但不愿意接受

（3）不理解，但愿意接受

（4）不理解，不愿意接受

结果分析

大约80%的企业理解且乐于接受节能量交易（或用能权交易）；15%的企业表示理解，但不愿意接受；2%的企业表示不理解，但愿意接受；3%的企业表示不理解，也不愿意接受。

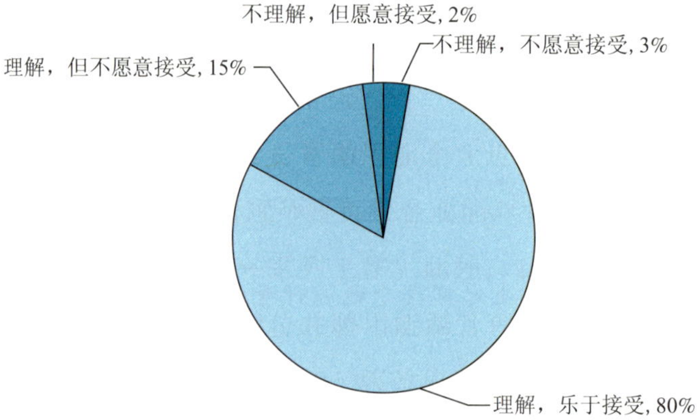

附图14　对政府要求企业参与节能量交易（或用能权交易）是否理解、接受

11. 对政府要求企业参与碳排放权交易是否理解、接受（　　）。（单选）

（1）理解，乐于接受

（2）理解，但不愿意接受

（3）不理解，但愿意接受

（4）不理解，不愿意接受

结果分析

企业对这一问题的回答结果与上一题基本相同。

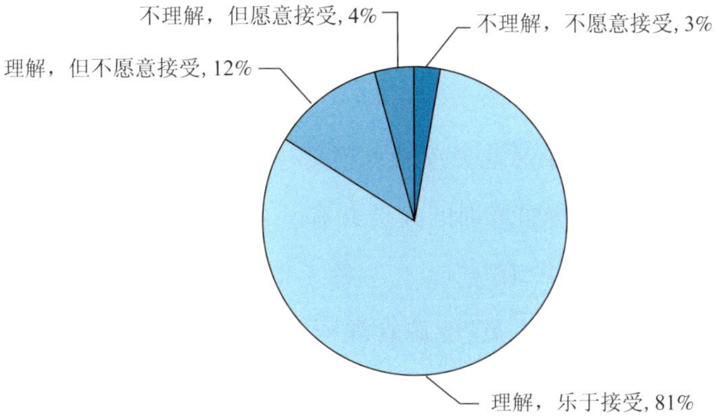

附图 15　对政府要求企业参与碳排放权交易是否理解、接受

（二）关于企业节能管理的制度、人员安排及能力

12. 贵企业是否制定了节能管理制度的正式文件（　　）。（单选）

（1）是

（2）否

（3）不清楚

结果分析

全部被调查企业都制定了节能管理制度文件。

13. 贵企业是否设立能源管理岗位（　　）。（单选）

（1）是

（2）否

结果分析

全部被调查企业都设立了能源管理岗位。

14. 贵企业能源管理人员是否参加过能源管理方面的培训（　　）。（单选）

（1）是

（2）否

结果分析

全部被调查企业的能源管理人员都参加过能源管理方面的培训。

15. 贵企业已参加培训的人员共有________名。目前已经履职上岗的能源管理师共有________名。根据目前的工作量，需要________名能源管理人员/能源管理师才能满足工作需求。（填空）

结果分析

各个企业填报的结果差异较大，这与企业规模差异大有关。

16. 贵企业能源管理人员/能源管理师在企业内部岗位级别体系中基本上处于下面哪一个级别（　　）。（多选）

（1）初级管理岗位

（2）高级管理岗位

（3）中级管理岗位

（4）初级技术岗位

（5）中级技术岗位

（6）高级技术岗位

结果分析

调查显示，中级技术、管理岗位在企业中占据主要力量，初级和高级技术、管理岗位分别占了19%和23%。

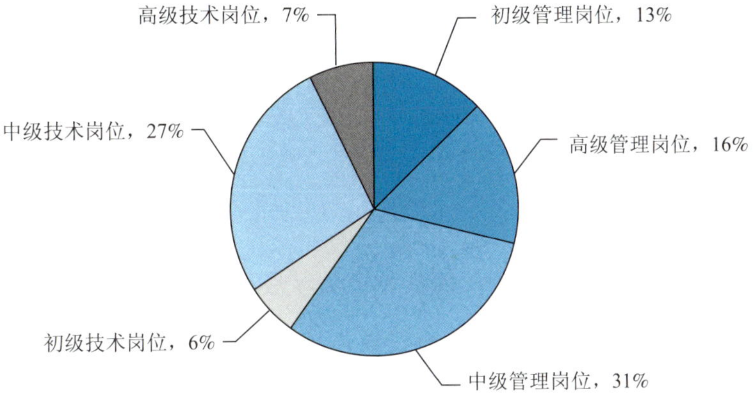

附图 16　企业能源管理人员/能源管理师在企业内部岗位级别体系中基本处于哪一个级别

17. 贵企业是否指定专职人员负责能源统计（　　）。（单选）

（1）是

（2）否

结果分析

98%的企业配有专职能源统计人员。

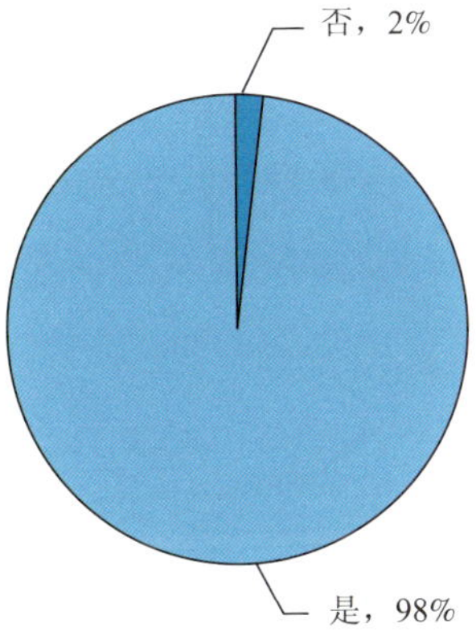

附图 17　企业是否指定专职人员负责能源统计

18. 贵企业重点用能设备操作人员上岗前是否经过节能培训（　　）。（单选）

（1）是

（2）否

结果分析

上岗的能源管理人员全部参加了能源培训。

19. 您认为对重点用能设备操作人员进行的节能培训内容是否满足工作的需要（　　）。（单选）

（1）非常有用

（2）作用一般

（3）不太有用

（4）基本无用

结果分析

69%的企业认为培训内容非常能够满足工作需要。

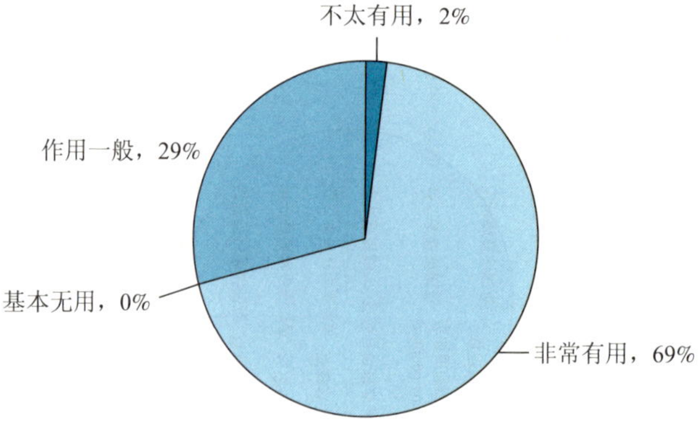

附图 18　重点用能设备操作人员的节能培训内容是否满足工作需要

（三）关于企业实施节能技改项目的障碍

20. 贵企业主要通过以下哪些途径获得节能技术和产品（　　）。（多选）

（1）中央政府发布的节能技术推广目录

（2）省级政府发布的节能技术推广目录

（3）相关行业协会

（4）互联网

（5）电视、报纸、广播、杂志

（6）他人介绍

（7）政府组织的节能环保展

（8）企业组织的节能环保展

（9）其他

结果分析

绝大多数企业获得节能技术和产品的主要渠道是省级政府、中央政府发布的节能技术推广目录以及相关行业协会。

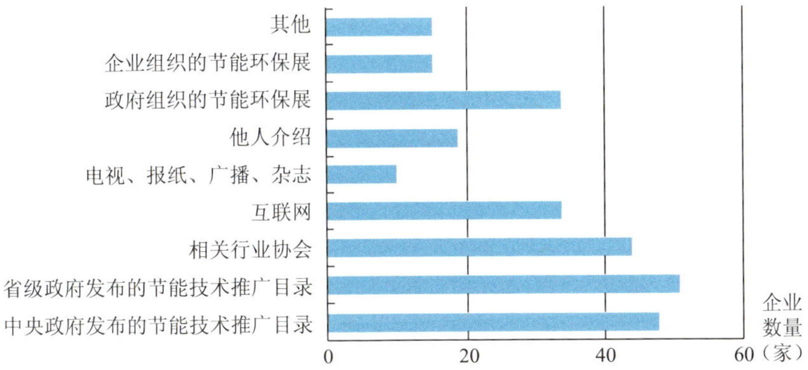

附图 19　企业获得节能技术和产品的主要渠道

21. 您认为政府发布的《节能技术推广目录》对贵企业节能是否有帮助（　　）。(单选)

(1) 有帮助

(2) 没有帮助

(3) 不清楚

如果选择（3），理由是________

结果分析

企业对中央政府发布的《节能技术推广目录》的欢迎程度很高，有96%的企业认为对它们有帮助。

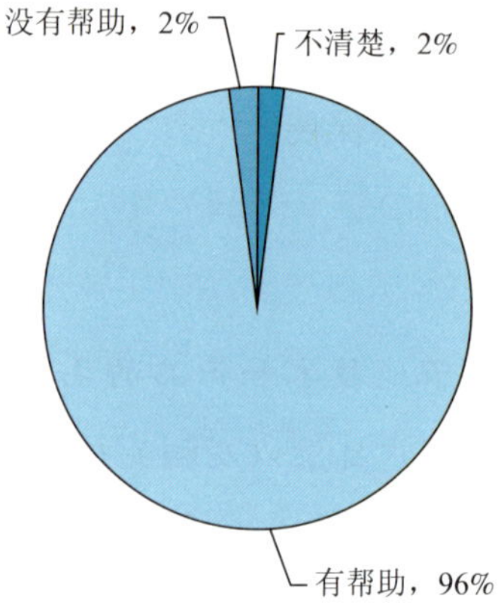

附图20　政府发布的《节能技术推广目录》对企业节能是否有帮助

22. 政府为企业提供节能技改资金支持是否有必要（　　）。(单选)

(1) 有必要

(2) 没必要

(3) 无所谓

结果分析

全部企业都认为政府需要为企业提供节能技改资金支持。

23. 您认为企业使用政府技改资金是否方便（　　）。（多选）

（1）资金申请程序的简单、便捷程度：①很方便；②比较方便；③不太方便；④非常不方便

（2）政府补贴资金是否及时到位：①能够及时到位；②滞后 1～3 个月；③滞后 4～6 个月；④滞后 6～12 个月；⑤滞后 12～24 个月；⑥滞后 24 个月以上

（3）政府对资金后期监管方式：①简单高效；②比较烦琐；③非常烦琐；④其他

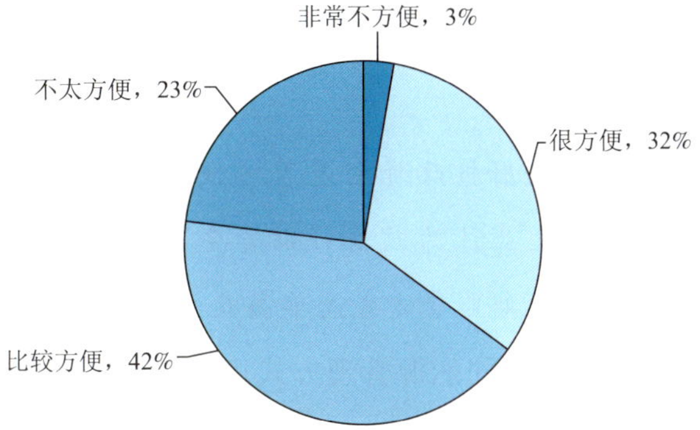

（1）资金申请程序的简单、便捷程度

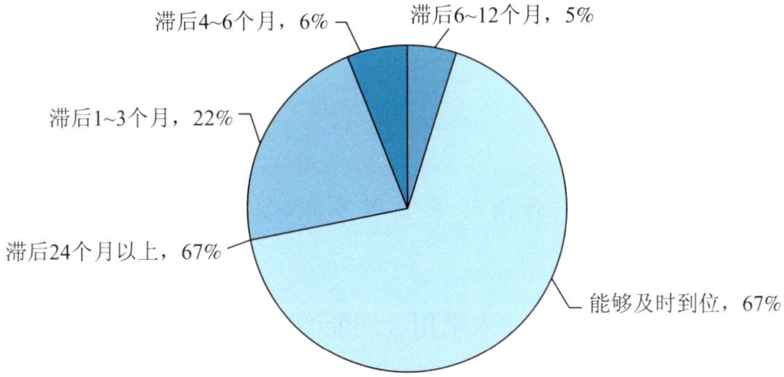

（2）政府补贴资金是否能及时到位

附图 21　企业使用政府技改资金是否方便

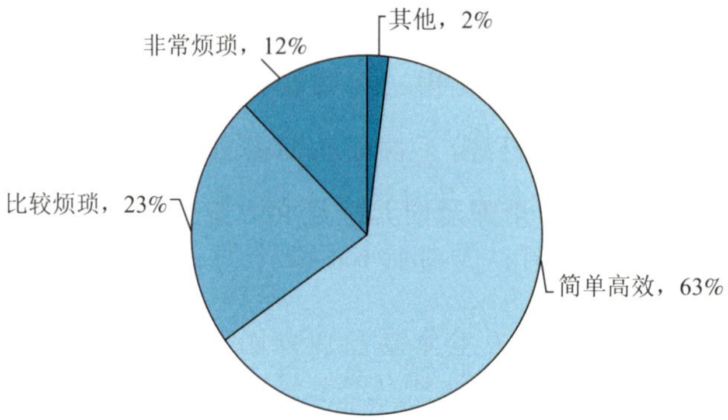

（3）政府对资金后期监管方式

附图21　企业使用政府技改资金是否方便（续）

结果分析

在调查企业使用政府技改资金是否方便时，74%的企业认为资金申请方便；67%的企业认为政府补贴资金能够及时到位；63%的企业认为政府对资金后期监管方式简单高效。

24. 贵企业是否对合同能源管理方式进行评价（　　）。（单选）

（1）采用过，节能效果如同预期

（2）采用过，节能效果不如预期

（3）未采用

（4）不清楚

结果分析

46%的企业未采用合同能源管理方式，而42%的企业采用过并且认为节能效果如同预期。

如上题选（3），贵企业未采用合同能源管理方式的原因是（　　）。（可多选）

（1）节能服务公司能力不足

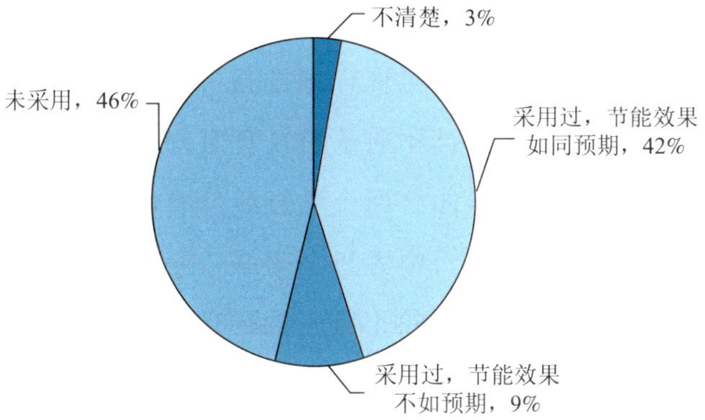

附图 22　企业对合同能源管理方式的评价

（2）设计的节能方案缺乏吸引力

（3）担心企业生产信息外露

（4）担心打乱企业正常生产秩序

（5）对节能服务公司的信誉情况不了解

结果分析

未采用合同能源管理方式的原因有多方面，其中最大的问题是节能服务企业设计的节能方案对企业缺乏吸引力。

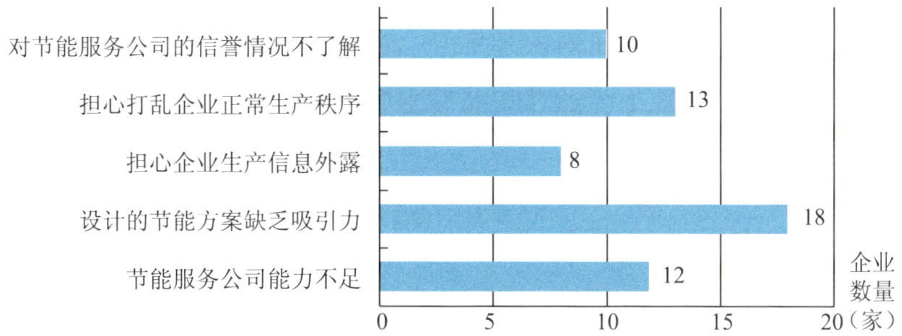

附图 23　企业未采用合同能源管理方式的原因

25. 采用合同能源管理方式获得的节能量，是否有第三方机构进行过节能量认证（　　）。

（1）有

（2）没有

（3）不知道

结果分析

在调查中发现，23%的企业不知道采用合同能源管理方式获得的节能量要由第三方机构进行节能量认证，43%的企业没有经过节能量的认证。

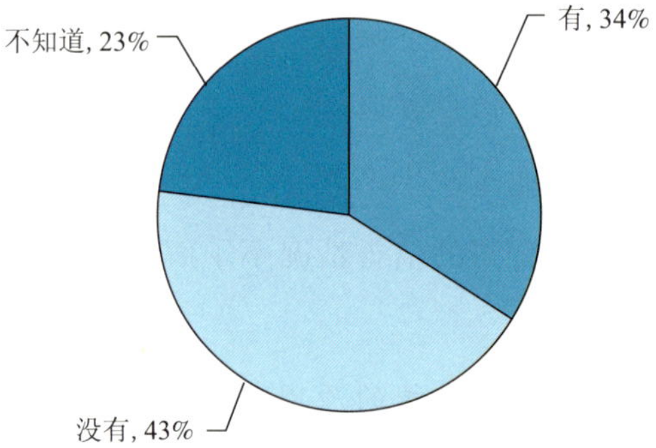

附图 24　采用合同能源管理方式获得的节能量是否由第三方机构进行过节能量认证

如果有，您对第三方节能量认证机构的服务是否满意（　　）。（单选）

（1）满意

（2）无所谓

（3）不满意

如果选（3），理由是：①服务机构数量太少；②节能量认证方法不合理；③过程太烦琐；④其他（请说明）________

结果分析

在涉及对第三方节能量认证机构的服务是否满意时，87%的企业认为满意；有4%的企业认为不满意，它们认为节能量核算的标准不统一，科学性差，缺乏节能量核算专业人员。

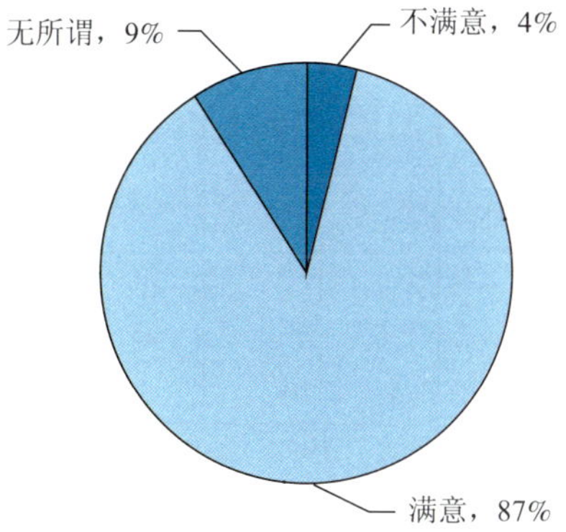

附图 25　对第三方节能量认证机构的服务是否满意

（四）综合

26. 您认为贵企业能源管理人员面临的挑战，依次是（　　）。（按重要性排序，可不全选）

（1）能源系统过于复杂，数据量太大

（2）企业员工缺乏节能意识

（3）节能效果不直观，看不见摸不着，缺乏可视化工具

（4）没有可推动能效持续提高的管理制度

（5）企业高层领导不重视

（6）企业内部其他部门不配合

（7）其他（请填写）：________

结果分析

调查显示，企业能源管理人员面临的主要挑战有三方面：①能源系统过于复杂，数据量太大；②节能效果不直观，看不见摸不着，缺乏可视化工具；③企业员工缺乏节能意识。

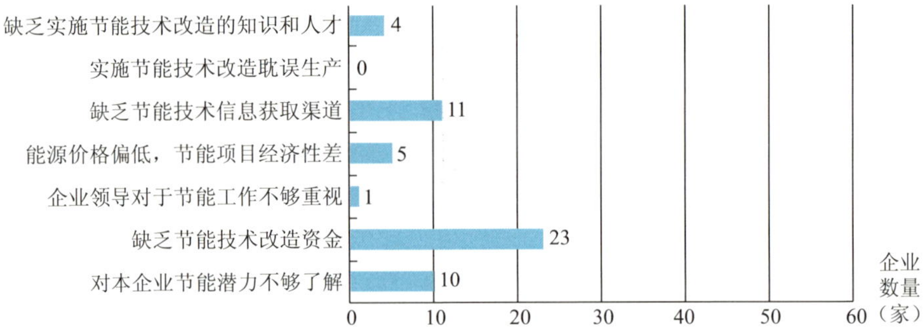

（1）按最重要的项目

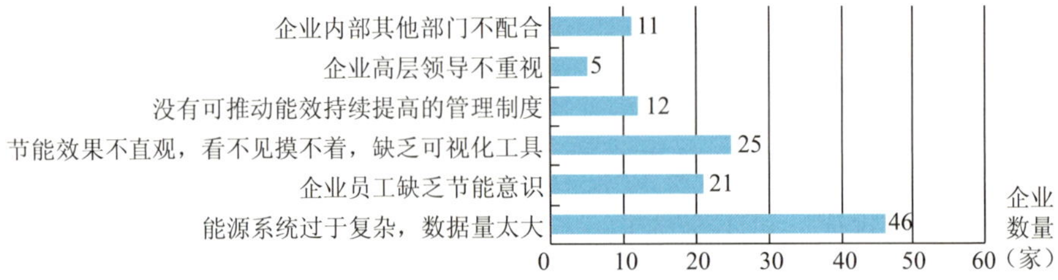

（2）按重要性的前三名

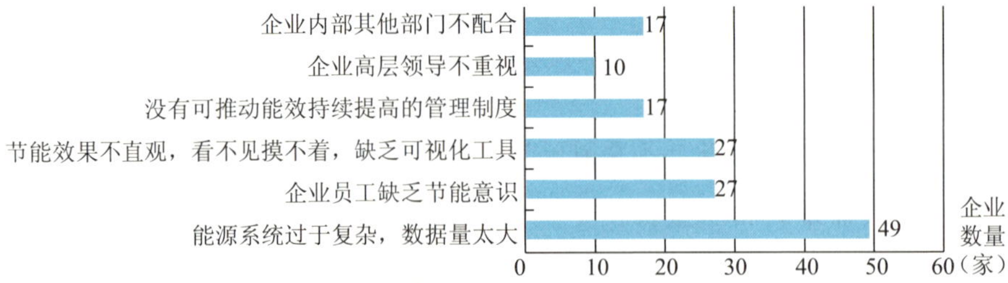

（3）不考虑排序

附图 26　企业能源管理人员面临的挑战

27. 贵企业开展节能技术改造的主要障碍有（　　）。（按重要性排序，可不全选）

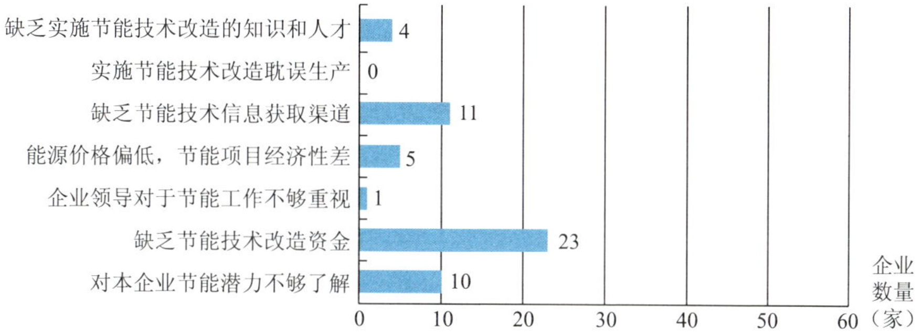

（1）按最重要的项目

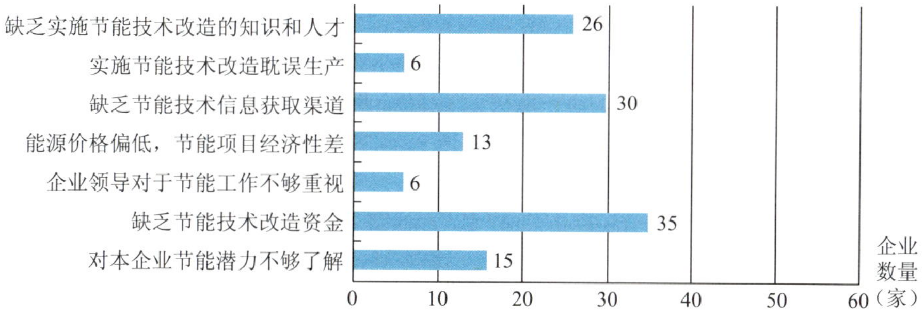

（2）按重要性的前三名

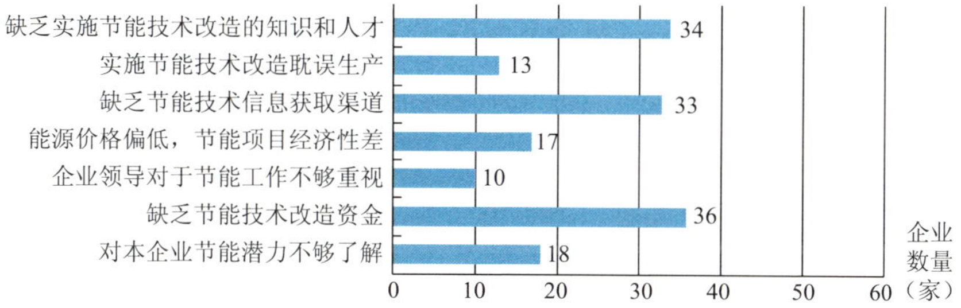

（3）不考虑排序

附图 27　企业开展节能技术改造的主要障碍

(1) 对本企业节能潜力不够了解

(2) 缺乏节能技术改造资金

(3) 企业领导对于节能工作不够重视

(4) 能源价格偏低，节能项目经济性差

(5) 缺乏节能技术信息获取渠道

(6) 实施节能技术改造耽误生产

(7) 缺乏实施节能技术改造的知识和人才

(8) 其他（请填写）：________

结果分析

调查显示，企业开展节能技术改造的三个主要障碍是：①缺乏节能技术改造资金；②缺乏节能技术信息获得渠道；③缺乏实施节能技术改造的知识和人才。

28. 从企业的角度来看，贵企业最需要政府提供何种服务（　　）。（按重要性排序，可不全选）

(1) 提供免费的能源审计服务（或对能用审计提供补贴）

(2) 提供一部分节能技改资金

(3) 提供节能技术、产品信息

(4) 提供节能专业知识和人才的培训机会

(5) 提供节能融资的信息服务

(6) 提供客观、公正的节能服务公司信用评价平台

(7) 加强节能宣传，提高全民的节能意识

(8) 其他（请填写）：________

结果分析

调查显示，企业最需要政府提供的服务包括：①提供部分节能技改资金；②提供节能技术、产品信息；③提供节能专业知识和人

才的培训机会。

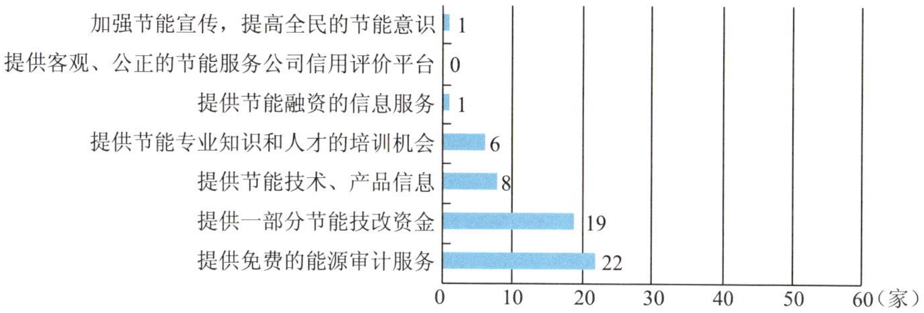

（1）按最重要的项目

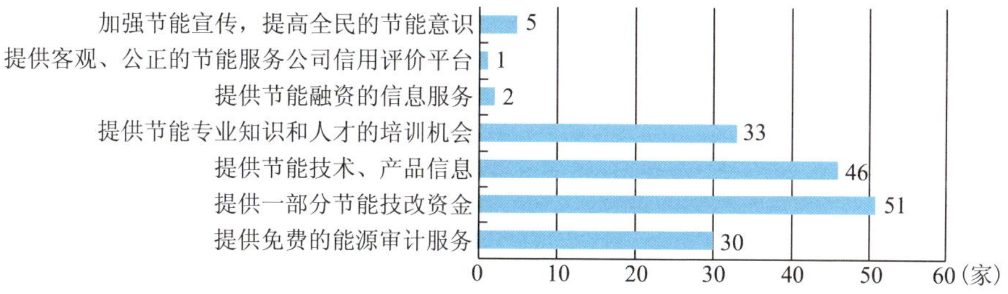

（2）按重要性的前三名

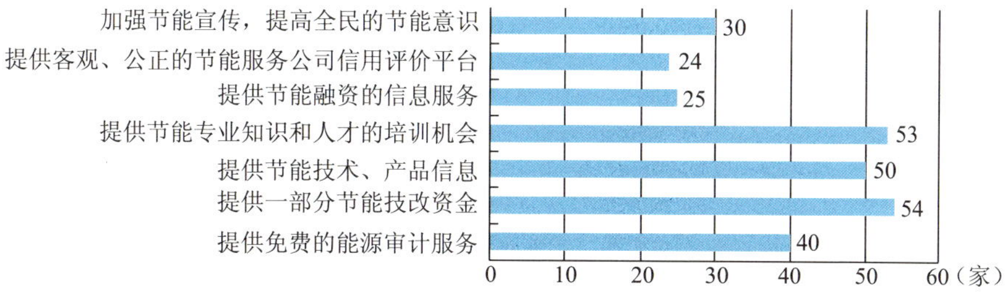

（3）不考虑排序

附图 28　企业最需要政府提供何种服务